Trabalhar com você está me matando

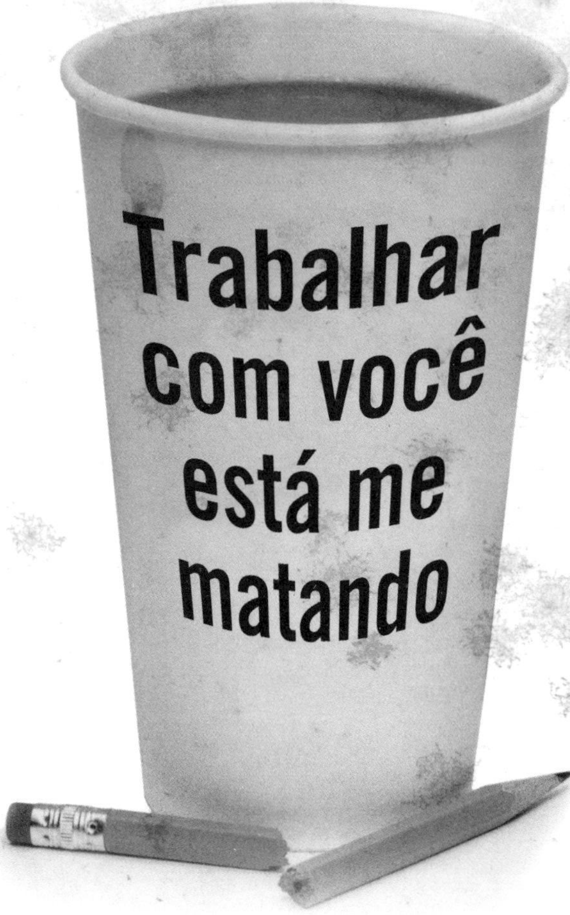

KATHERINE CROWLEY e KATHI ELSTER

SEXTANTE

Título original: *Working with You Is Killing Me*

tradução
Carlos Irineu da Costa e Juliana Lemos

preparo de originais
Débora Chaves

revisão
Ana Grillo, Luís Américo Costa e Sérgio Bellinello Soares

projeto gráfico e diagramação
DTPhoenix Editorial

design da capa
Flag

foto da capa
Herman Estevez

adaptação da capa
Miriam Lerner

pré-impressão
ô de casa

impressão e acabamento
Geográfica e Editora Ltda.

CIP-BRASIL. CATALOGAÇÃO-NA-FONTE
SINDICATO NACIONAL DOS EDITORES DE LIVROS, RJ

C958t Crowley, Katherine
Trabalhar com você está me matando / Katherine Crowley e Kathi Elster [tradução de Carlos Irineu da Costa e Juliana Lemos]. – Rio de Janeiro: Sextante, 2007.

Tradução de: Working with you is killing me
ISBN 978-85-7542-341-7

1. Psicologia industrial. 2. Relações humanas. 3. Comunicação interpessoal. 4. Empregados-problema. I. Elster, Kathi. II. Título.

CDD: 158.7
07-3908 CDU: 65.013

Rua Voluntários da Pátria, 45 – Gr. 1.404 – Botafogo
22270-000 – Rio de Janeiro – RJ
Tel.: (21) 2286-9944 – Fax: (21) 2286-9244
E-mail: atendimento@esextante.com.br
www.sextante.com.br

Este livro é dedicado a John S. Crowley,
um homem que, por meio de palavras,
gestos e atitudes, exprimia sua honestidade,
integridade, compaixão e profissionalismo.

Sumário

Introdução

Se você está lendo esta página, é provável que exista alguém no seu trabalho cujo comportamento o está deixando louco. Pode ser um colega desorganizado, um chefe antipático, um colaborador rebelde ou ineficiente ou mesmo um cliente desagradável. Independentemente de quem seja, interagir com essas pessoas é desanimador. A maneira como elas se comportam deixa seus nervos em frangalhos e acaba com o seu dia.

Você já deve ter imaginado como a vida seria melhor sem esse fator irritante e sonha com o dia em que todo mundo simplesmente fará seu trabalho sem grandes incidentes, cada um respeitando o espaço do outro. Pois pode esperar sentado.

O local de trabalho é um ambiente volúvel, habitado por criaturas emocionais que muitas vezes irritam umas às outras. Isso é particularmente verdadeiro quando as pessoas ficam confinadas durante muitas horas num pequeno espaço chamado "escritório".

O propósito deste livro é ensinar você a identificar e lidar com os relacionamentos que garantem a manutenção de seu emprego. E também ajudá-lo a se "libertar" das armadilhas do cotidiano, mostrando como conviver com personalidades difíceis.

Cada capítulo é dedicado a um tipo específico de comportamento irritante, com direito a dicas de como neutralizar o problema.

Para que você possa refletir sobre os seus próprios desafios profissionais, nós o convidamos a fazer o pequeno teste a seguir:

1. **Existe alguém no trabalho que prejudica o seu desempenho?** Marque as opções que se aplicam:

- ❑ Há algum colega ou chefe cuja incompetência o incomoda?
- ❑ Existe algum setor cuja ineficiência o impede de fazer o seu trabalho?
- ❑ Existe algum colega, chefe ou cliente que o deixa muito nervoso?
- ❑ Para agüentar o estresse do trabalho, você exagera na bebida ou na comida, ou consome alguma outra substância que altere seu estado de consciência?

Se você marcou alguma das opções acima, pode ser útil aprender os quatro passos essenciais para "libertar-se das armadilhas no ambiente de trabalho". Leia o Capítulo 1, "Mude as suas reações, mude a sua vida".

2. **Você está vivendo alguma situação de desrespeito no local de trabalho?** Marque as opções que descrevem sua situação:

- ❑ Existe alguém que atrapalha seu ritmo de trabalho por chegar sempre atrasado e não cumprir os prazos?
- ❑ Você tem algum colega intrometido que mexe na sua área de trabalho ou usa as suas coisas sem pedir permissão?
- ❑ O barulho que as outras pessoas fazem no escritório atrapalha sua concentração?

- ❑ Existe alguém que fala demais e o incomoda com assuntos que não lhe dizem respeito?
- ❑ Você trabalha com alguém cujos rompantes emocionais (chorar, gritar) consomem sua energia e o deixam nervoso?

Para obter ajuda com essas questões delicadas, estude as dicas para estabelecer limites no Capítulo 2, "A arte de estabelecer limites: protegendo-se no local de trabalho".

3. Marque a(s) alternativa(s) que melhor descreve(m) o papel que você desempenha no local de trabalho.

- ❑ O Depósito de Entulho – "Tudo quanto é projeto acaba parando na minha mesa."
- ❑ O Herói – "Estou sempre tendo de resolver os problemas."
- ❑ O Homem (A Mulher) Invisível – "Ninguém presta atenção em mim, ninguém percebe o quanto eu contribuo."
- ❑ O Alvo – "Sou sempre visto como encrenqueiro, mesmo quando tenho razão."
- ❑ O Humorista – "Todo mundo confia em meu humor para aliviar a tensão."

4. Marque a alternativa que descreve seu maior problema no local de trabalho.

- ❑ Não consigo dizer "não" quando alguém me pede alguma coisa.
- ❑ Sinto-me responsável por resolver os problemas pessoais dos outros.
- ❑ Freqüentemente entro em conflito com meus supervisores.
- ❑ Gostaria que me levassem mais a sério.

- ❑ Tenho dificuldade em defender o meu ponto de vista nas reuniões.
- ❑ Tenho a impressão de que o que eu faço muitas vezes é ignorado ou desconsiderado.

Se quiser mais informações sobre como se libertar de papéis limitantes no trabalho, leia o Capítulo 3, "Identifique o seu papel e aprenda o que precisa fazer para mudar e melhorar seu desempenho".

5. **Você tem um relacionamento de trabalho que parecia promissor mas acabou se tornando um grande pesadelo?** Em caso afirmativo, leia as alternativas abaixo e marque as opções que se aplicam a você:

- ❑ Você fica constantemente ensaiando em sua mente o que pretende dizer para essa pessoa, enquanto está dirigindo e até quando vai dormir.
- ❑ Você fala sobre o relacionamento em questão com os amigos, parentes ou qualquer pessoa que se disponha a ouvir.
- ❑ Quando você prevê qualquer interação com essa pessoa, sente-se ansioso, preocupado ou inquieto.
- ❑ Conversar com essa pessoa deixa você nervoso, tenso, agitado, perturbado, humilhado ou transtornado de alguma maneira.
- ❑ Você se sente preso a uma situação que não lhe é favorável.

Para aprender a lidar com relacionamentos conturbados, consulte o Capítulo 4, "Não te conheço de algum lugar? As relações tipo Atração Fatal no trabalho".

6. **O seu chefe é uma pessoa que...**

- ❑ Nunca tem tempo para conversar com você ou que agenda reuniões mas sempre as desmarca.

- ❑ Não diz o que quer e depois fica furioso por você não ter feito o que ele queria.
- ❑ Insiste que você tome decisões, mas sempre muda o que você determinou.
- ❑ Espera que você tenha a capacidade de "ler a mente" para saber quais são as novas prioridades.

Para se livrar desse tipo de experiência, leia o Capítulo 5, "'Gerenciando para cima': assumindo o controle".

7. Se você ocupa um cargo de gerência...

- ❑ Detesta precisar repetir o que deseja que seus subordinados façam?
- ❑ Deseja que seus subordinados "cresçam" e façam seu trabalho?
- ❑ Sente-se ofendido quando um colaborador desafia a sua autoridade?
- ❑ Acha que reuniões com a sua equipe são pura perda de tempo?

Para um curso rápido sobre gerenciamento de pessoas, veja o Capítulo 7, "'Gerenciando para baixo': sendo paternal com os colaboradores".

QUEM SOMOS NÓS E POR QUE ESCREVEMOS ESTE LIVRO?

Katherine Crowley é psicoterapeuta, graduada em Harvard. Kathi Elster é uma reconhecida especialista em pequenas empresas. Temos livros publicados, damos aulas e palestras em universidades e trabalhamos como consultoras – somos, portanto, experientes na área da capacitação profissional por meio da autodescoberta e do autocontrole.

Desde 1989, ajudamos centenas de empresas a se reorganizarem por meio do treinamento de milhares de pessoas na arte de conquistar seus objetivos profissionais enquanto enfrentam o desafio psicológico de trabalhar em grupo. *Trabalhar com você está me matando* é o resultado de 20 anos de pesquisa e também da parceria de uma psicoterapeuta com uma estrategista corporativa.

Gostamos de pensar em nós mesmas como terapeutas corporativas. Descobrimos que resolver problemas é fácil. Aumentar as vendas, fazer um plano de negócios, criar a embalagem de um novo produto – tudo isso é relativamente simples de realizar. O desafio mais árduo e complicado é descobrir as armadilhas emocionais em que as pessoas caem, e ensinar-lhes como escapar.

> *"Eu gosto muito de meu trabalho, mas meu chefe me deixa louco. Ele não pára de me encher de trabalho e depois ainda puxa o meu tapete."*
>
> *"Nosso gerente administrativo me faz um interrogatório toda vez que peço qualquer tipo de material de escritório. Como é que vou conseguir fazer meu trabalho?"*
>
> *"Minha assistente é muito competente, mas leva qualquer comentário para o lado pessoal. Fico com medo de lhe dar feedback porque ela fica chateada comigo."*

Essas são algumas das situações mencionadas em nossos seminários e treinamentos. Enquanto outros livros explicam aos seus leitores como eles podem se tornar mais produtivos gerenciando o ambiente ao seu redor, *Trabalhar com você está me matando* está centrado no fator que possui o maior impacto sobre a satisfação no trabalho: o autocontrole das emoções.

No Capítulo 1, introduzimos as técnicas básicas para que as pessoas se libertem das armadilhas emocionais no trabalho.

Já o Capítulo 2 fala sobre "A arte de estabelecer limites". Nele você aprende a identificar as estratégias que as pessoas usam para invadir o seu espaço físico ou pessoal e as atitudes concretas que devemos tomar para nos proteger desse tipo de comportamento.

O Capítulo 3 mantém o foco nos papéis que as pessoas assumem no ambiente corporativo (e nos quais se vêem presas). É a sua chance de descobrir se você está inconscientemente desempenhando um papel que o impede de atingir os seus objetivos.

No Capítulo 4, introduzimos o conceito de Atrações Fatais, as relações que começam de forma muito promissora, mas que logo se transformam em interações frustrantes ou perturbadoras. Também apresentamos uma série de técnicas avançadas para que você aprenda a lidar com essas associações complicadas que caracterizam o mundo corporativo.

O Capítulo 5 deste livro ensina os colaboradores a tomarem a iniciativa em seus relacionamentos com seus superiores, principalmente com seus chefes diretos. É o estilo de "gerenciamento para cima". Os gerentes radicais e difíceis são as estrelas do Capítulo 6, assim como as táticas para manter a sanidade quando se convive com o tipo mais letal de autoridade. No Capítulo 7, o estilo de "gerenciamento para baixo" e os princípios paternais de administrar pessoas ganham destaque.

Finalmente, o Capítulo 8 dá a você a oportunidade de identificar, através de exercícios de auto-avaliação, que tipo de ambiente de trabalho mais se adequa à sua personalidade. Você poderá avaliar a sua ética, seus valores, seu comportamento no trabalho e suas preferências de vida, e comparar tudo isso com a cultura criada pela empresa onde está trabalhando no momento.

Esperamos que o material contido neste livro traga conforto para todos aqueles que estiverem passando por problemas emocionais no trabalho. Se você decidir aplicar o método que criamos, não há dúvida de que sua vida profissional vai melhorar.

Você se sentirá menos zangado, frustrado, derrotado ou sem saída. E sua habilidade de comunicação também ficará mais eficiente.

Trabalhar com você está me matando não é um guia de consulta rápida, e sim um livro de referência para as situações difíceis. Um manual para a sua carreira.

1

Mude as suas reações, mude a sua vida

Vamos começar examinando duas facetas do mundo corporativo: a imagem transparente e idealizada que a empresa apresenta para consumo externo e a realidade cotidiana de trabalho, que costuma ser desorganizada, complicada e cheia de politicagem e armadilhas emocionais.

Basicamente, qualquer negócio tem como objetivo ser lucrativo, fornecer bens e serviços e atingir resultados. O foco geralmente está voltado para analisar os números, cumprir prazos e aumentar as vendas. Avaliamos as empresas por meio de dados reais: perdas e lucros, fluxo de caixa, *stock options* e potencial de crescimento.

Se retirarmos esse verniz racional da superfície de qualquer empresa, entretanto, vamos descobrir um caldeirão de emoções: pessoas ansiosas com o próprio desempenho, irritadas com colegas e sentindo-se incompreendidas por seus chefes. Também há gerentes estressados e assistentes corroídos pelo ressentimento. Por exemplo:

Eric é gerente de atendimento ao consumidor de uma empresa de software que está crescendo rapidamente. Ele se or-

gulha dos produtos da empresa, mas sua cabeça começa a latejar sempre que ouve falar a respeito de um determinado cliente, que nunca está satisfeito com o que comprou. Diz que o programa de contabilidade é complicado, que o banco de dados tem campos demais e que o programa de gerenciamento é pouco amigável para o usuário final. Eric e sua equipe perdem muito tempo lidando com essas reclamações: "A gente se mata de trabalhar para esses caras. Assim que resolvemos um problema, eles ligam reclamando de outra coisa." Entre uma e outra reclamação, eles ameaçam trocar os programas por outros mais eficientes. "É muito cansativo", diz Eric, com um suspiro. "Não consigo agradá-los."

Jessica é assistente administrativa de uma pequena empresa de relações públicas. Todo dia, pela manhã, ela encontra uma pilha de trabalho sobre a mesa, com um bilhete da vice-presidente: "Saí para visitar uns clientes. Por favor, resolva estes assuntos até eu voltar." Imediatamente, Jessica se sente ansiosa e impotente. "Minha chefe sempre me dá mais trabalho do que consigo fazer em um dia", reclama. "Ela nunca se reúne comigo para definir as prioridades." Se ela não conseguir terminar tudo a tempo, é tachada de "ineficiente" e "sem iniciativa".

Eric e Jessica se sentem presos a uma situação que não lhes é favorável. Eles se acham incapazes de se libertar da situação desconfortável em que se encontram. Como o ambiente de trabalho exige um comportamento racional, eles reprimem seus sentimentos e deixam de expressar grande parte de suas emoções. Acreditam que possuem apenas duas opções: tentar agradar ou pedir demissão.

Nós chamamos essa experiência – uma situação profissional estressante do ponto de vista emocional – de estar **preso em**

uma armadilha. Se você reage negativamente a alguém ou a algo em seu ambiente de trabalho, não tenha dúvida: você está vivendo esse problema. Ele varia de pessoa para pessoa e de trabalho para trabalho, podendo ser trivial, como a voz aguda de um colega, ou intensa, como a personalidade agressiva de um gerente. A "armadilha" pode ser tanto um comentário mal-educado quanto uma complexa rede de sabotagem.

Se você é uma pessoa normal, há uma grande chance de que já tenha se deparado com situações desse tipo. Em alguns casos, o incidente pode gerar apenas uma leve irritação. Em outros, pode chegar ao ponto em que você sente que está sendo destruído.

Existem pessoas competentes e dedicadas que estão dispostas a ser produtivas e felizes em seu trabalho, mas que, em vez disso, sentem-se emocionalmente impotentes – estressadas, subutilizadas, abaladas, desrespeitadas, ignoradas, questionadas, desviadas de seu objetivo, oprimidas, encurraladas e exaustas. O cargo de cada uma pode variar, mas as experiências de sofrimento são idênticas.

Para a grande maioria, ter um emprego não é uma opção – é uma necessidade. O trabalho ocupa mais tempo do que qualquer outra atividade na vida das pessoas. Numa época em que se valoriza o bem-estar e a felicidade, por que tanta gente está tão insatisfeita no trabalho? Nossa experiência diz que isso ocorre porque elas se sentem "presas", viciadas em posições hierárquicas, relacionamentos e situações que drenam sua energia, invadem seus pensamentos e as mantêm em situações desfavoráveis.

O local de trabalho oferece inúmeras "armadilhas", e quase nunca nos orienta sobre como lidar com o fato. É recomendável procurar o chefe e fazer perguntas sobre a produção, faturamento e número de vendas. Afinal, trata-se de assuntos racionais, factuais, que podem ser tratados com objetividade. Mas o que fazer quando você se sente nauseado após uma reunião com a equipe, ou quando um determinado cliente deixa você com enxaqueca?

Susan é executiva de marketing de uma grande financeira. É manhã de terça-feira e ela está participando da reunião semanal em que todos os setores apresentam seus relatórios. Uma colega de trabalho, Tracy, sem o menor peso na consciência, assume a autoria de uma brilhante idéia promocional que Susan teve.

Susan sente uma onda de calor tomando conta de seu corpo. Seu rosto fica vermelho, a pálpebra começa a tremer como se tivesse um tique nervoso – enfim, ela pára de ouvir o que as pessoas estão falando. Só consegue pensar no quanto adoraria estrangular Tracy.

Em vez de falar o que pensa, ou continuar trocando idéias na reunião, Susan se distancia mentalmente.

Susan caiu na armadilha. Sua resposta ao comportamento de Tracy foi transbordar de raiva e parar de participar. Embora compreensível, deixar-se dominar pela raiva não é uma boa estratégia. Na verdade é contraproducente, pois, ao se distanciar mentalmente da situação, Susan parece apática e sem interesse pela idéia que ela mesma teve.

Longe de ser incomum, a cena protagonizada por Susan na reunião semanal da empresa é bastante freqüente. A reação normal quando alguém faz algo que o chateia é culpar suas próprias reações em relação à conduta daquela pessoa.

Em muitos casos, uma atitude como a de Susan faz todo o sentido do mundo. As fofocas no local de trabalho *são* mesmo muito irritantes. Um colega de trabalho incompetente *realmente* pode ser enlouquecedor. Um cliente arrogante que não retorna suas ligações é, sem dúvida, desrespeitoso. Mas sua justa indignação não contribui em nada para resolver a questão. Só o deixa mais preso à armadilha.

Mas existe uma saída. E não é preciso matar ninguém nem pedir demissão para fazer isso – basta vivenciar a situação de um modo diferente. Que tal transformar seu local de trabalho, de covil de frustrações pessoais em arena de aperfeiçoamento profissional?

No trabalho que desenvolvemos com executivos, gerentes e colaboradores, aprendemos que a maneira mais eficaz para resolver problemas interpessoais é abordar a situação de dentro para fora. Ensinamos aos nossos clientes que o segredo para lidar de modo eficaz com pessoas e situações difíceis é administrar primeiro nossas *reações internas* – ou seja, nossas respostas automáticas ao comportamento de alguém. As pessoas se descontrolam de várias maneiras: ficam vermelhas de raiva, explodem em lágrimas, ficam ensimesmadas, catatônicas ou entram em colapso.

Se você conseguir mudar suas reações, mudará sua vida.

Chamamos de **libertar-se da armadilha** o ato de mudar suas reações a situações emocionalmente estressantes no local de trabalho. Trata-se de um método que fornece os instrumentos necessários para que você possa se autogerenciar e assumir o controle da sua vida profissional. Quer esteja em meio ao fogo cruzado da politicagem ou enredado em uma situação com um colega difícil, ou mesmo refém dos golpes baixos de determinado departamento, você pode adotar algumas atitudes para mudar o seu próprio comportamento e, com isso, obter um resultado diferente.

Este método de "libertação da armadilha" oferece uma alternativa para suas reações automáticas: você pode desprezar as fofocas maliciosas ou estabelecer limites claros e não dar importância ao disse-me-disse. Você pode tachar um colega de incompetente ou diminuir suas expectativas e evitar o impacto negativo da incapacidade dessa pessoa. Em vez de sentir-se ofendido pelo cliente que nunca retorna suas ligações, pode também encarar a situação com tranqüilidade, aceitando-a como parte normal do trabalho.

Há quatro passos essenciais para você se "libertar das armadilhas".

Passo 1 – Libertar-se fisicamente
Passo 2 – Libertar-se mentalmente
Passo 3 – Libertar-se verbalmente
Passo 4 – Libertar-se usando as regras do trabalho

Os dois passos iniciais – a libertação física e mental – ajudam você a se livrar das emoções negativas e a se acalmar. Os dois últimos – a libertação verbal e a que usa as regras do trabalho – requerem ações concretas para mudar. Como demonstração prática, vamos voltar ao exemplo de Susan e oferecer um cenário diferente.

Na mesma reunião em que Tracy orgulhosamente assume a autoria de sua brilhante idéia promocional, Susan percebe que "acabou de cair numa armadilha". Ela sente uma onda de calor tomando conta de seu corpo, o rosto fica vermelho e começa a tremer. Para evitar isso, ela precisa modificar sua reação à sabotagem de Tracy.

Libertar-se fisicamente: Susan respira fundo para se acalmar, liberar a raiva e voltar a se concentrar na reunião.

Libertar-se mentalmente: Susan diz a si mesma para não ficar intimidada com o comportamento de Tracy; ela precisa apenas descobrir uma maneira de ser ouvida.

Libertar-se verbalmente: Susan fala com franqueza: "Quando eu comuniquei essa idéia a Tracy pela primeira vez, nós duas ficamos muito empolgadas."

Libertar-se usando as regras do trabalho: Susan escreve e distribui um e-mail resumindo o resultado da reunião e esclarecendo o fato de que a idéia de promoção foi dela. "Fico feliz por minha proposta ter tido uma recepção tão positiva. Estou ansiosa para trabalhar com toda a equipe e desenvolver mais a idéia."

Na medida em que você percebe a armadilha, pode começar a assumir a responsabilidade por suas próprias reações. Usando nosso método, você pode se livrar de qualquer pessoa ou situação que lhe cause distúrbios emocionais. É preciso praticar bastante, mas funciona.

Veja abaixo uma descrição detalhada de como aplicar cada passo do processo:

Libertar-se fisicamente: Acalme o corpo e libere a energia negativa indesejável para conseguir enxergar a situação com mais clareza. Para isso, concentre-se em sua respiração, porque o desconforto emocional costuma induzir a um fôlego curto, o que inibe sua capacidade de raciocínio. Respirar e expirar de modo calmo, profundo e consciente permite que você avalie o seu corpo e determine os pontos de tensão.

Em alguns casos, para "libertar-se fisicamente" é preciso gastar energia por meio de alguma atividade física: dar a volta no quarteirão, socar uma almofada, fazer uma aula de spinning ou mesmo uma sessão de massagem. Quanto mais radical for a sua reação emocional, mais vigoroso deve ser o esforço físico. O objetivo é liberar a energia reprimida e acalmar o sistema nervoso para que você possa abordar o problema estando no controle.

Por exemplo: você sai chateado de uma reunião de trabalho porque o seu chefe o criticou injustamente diante de seus colegas. Você sabe que precisa se acalmar. Se puder dar uma volta no quarteirão, não hesite. Outra opção é ir até o banheiro para molhar o rosto com água fria e RESPIRAR.

Sabe-se que, quando estamos estressados fisicamente, a última coisa que queremos é nos acalmar. A vontade é dar um soco na cara de alguém ou resignar-se à situação. A última coisa que desejamos ouvir nessas horas é: "Respire, relaxe... vá dar uma volta." Mas a verdade é que, se você quer virar o jogo no trabalho, precisa aprender a relaxar.

Muitas empresas têm consciência da importância do exercício físico. Por isso, oferecem aulas de ioga, alongamento, aeróbica ou corrida no próprio local de trabalho ou criam parcerias com academias de ginástica. Verifique quais são as opções disponíveis e encontre a atividade que melhor se adapte às suas necessidades.

Nós vamos usar o termo **libertar-se fisicamente** diversas vezes ao longo deste livro. Ele se refere às diversas maneiras de liberar a energia negativa: desde aulas de ginástica a exercícios respiratórios ou mesmo o singelo ato de molhar o rosto com água fria. É importante salientar que existem formas saudáveis e não saudáveis de liberar a energia negativa acumulada. Quando nos sentimos agitados, nosso instinto natural é exagerar na comida, no sono, no cigarro, no álcool, nas drogas ou mesmo nas horas diante da TV. Essas atividades são paliativas, pois não solucionam o problema – apenas eliminam o estresse por um curto período de tempo. Na verdade, elas podem até provocar outras questões, como depressão, ansiedade, alcoolismo, obesidade e dor de estômago. O que sugerimos neste livro é uma alternativa saudável para aliviar o desconforto emocional no local de trabalho. Nunca é demais enfatizar a importância de encontrar uma maneira positiva de libertar-se fisicamente da armadilha.

CONTE ATÉ SEIS

Eis um método fácil para acalmar o seu corpo por meio da respiração. Inspire contando até três, segure a respiração contando até três e expire contando até seis. Repita o exercício até sentir que está diminuindo o ritmo e se aquietando.

Libertar-se mentalmente: Esta é uma tentativa de se auto-instruir para sair de uma situação difícil. O método envolve observar a si mesmo de uma perspectiva diferente. A intenção é ver a difícil situação em que você se encontra de maneira objetiva, e identificar as opções disponíveis. A parte racional do seu cérebro deve ajudar a parte emocional a se acalmar e elaborar um plano. O ato de "libertar-se mentalmente" começa com uma avaliação rápida da situação:

- O que está acontecendo?
- Quais são as circunstâncias?
- Qual é o papel do outro?
- Qual é o meu papel?
- Quais são as minhas opções?

A quarta questão – "Qual é o meu papel?" – costuma ser a mais difícil de responder. A razão é simples. Quando algo nos atinge emocionalmente, nossa reação natural é pôr a culpa em quem nos ofendeu, e não em nós mesmos. Entretanto, se você conseguir descobrir a sua responsabilidade na difícil situação, pode também encontrar a sua vantagem estratégica.

Para ilustrar o que estou dizendo, imagine que você é uma pessoa muito gentil e que, por isso, talvez não estabeleça limites em suas relações profissionais. Você pode vir a descobrir que os seus colegas, chefes e clientes se aproveitam de você. Eles perceberam sua incapacidade de estabelecer limites claros nos relacionamentos profissionais, assim como sua dificuldade em dizer "não" e agir de acordo. Para mudar isso você precisa admitir suas fraquezas – esse é o primeiro passo para superá-las.

Quando você enxerga a situação com clareza, pode se preparar para entrar em ação. Digamos que você precisa de um determinado relatório e vai até o arquivo requisitá-lo. A funcionária o atende de forma agressiva: "Tem gente mais importante que você na fila de espera. Quando der, pego o seu documento." A grosseria provoca um aperto no seu peito. Não é a primeira vez que essa pessoa é rude com você. Você não gosta da atitude dela. Em vez de revidar no mesmo tom, você deve fazer a si mesmo as perguntas abaixo e dar início ao processo de "libertar-se mentalmente":

- O que está acontecendo? *A funcionária foi rude comigo (de novo).*
- Quais são as circunstâncias? *Eu preciso daquele relatório e ela não quer me atender.*
- Qual é o papel do outro? *Ela é temperamental e infeliz com o trabalho. Todos têm medo dela.*
- Qual é o meu papel? *Considero a raiva dela um ataque pessoal. Isso me impede de cumprir minhas responsabilidades.*
- Quais são as minhas opções? *Posso parar de levar para o lado pessoal o mau comportamento dela. Ela não está com raiva de mim, está apenas com raiva. Posso compreender sua revolta por trabalhar demais e ainda assim encontrar alguma maneira de conseguir o documento.*

Libertar-se verbalmente: Encontre as palavras (ou, às vezes, o silêncio) para se proteger e escapar das ciladas. Talvez seja necessário encontrar maneiras de dizer não sem colocar o seu emprego em risco, de ser sincero quando se sentir ignorado e de tolerar o silêncio do seu chefe após ouvir seu pedido de aumento.

Para "libertar-se verbalmente", é preciso manter o foco no objetivo geral, sem ficar preso aos detalhes. É um método eficaz de comunicação, ideal para expressar suas idéias e dar informações de modo a resolver problemas em vez de perpetuá-los.

O método eficaz de comunicação não contém julgamento, raiva ou acusação. Ele exige apenas que você assuma sua responsabilidade na situação.

- Comunicação menos eficaz – "Você fez besteira de novo."
- Comunicação mais eficaz – "Como nós podemos resolver este problema?"
- Comunicação menos eficaz – "Você não faz nada direito."
- Comunicação mais eficaz – "Nós precisamos criar um sistema de controle de qualidade."

Adotar o método eficaz de comunicação não é facilitar as coisas ou ser bonzinho. É comunicar-se de forma que o outro possa realmente ouvi-lo e levar suas idéias em consideração. E criar uma ponte (não uma barreira) entre você e a pessoa cujo comportamento está lhe aborrecendo.

Digamos que você trabalha para uma empresa onde o setor de design atrasa constantemente a entrega de amostras para o setor de produção. Você fica horas à espera dos protótipos e, quando finalmente os recebe, precisa trabalhar além do horário normal para conseguir fabricar os produtos a tempo de distribuí-los.

Em vez de alimentar sua própria frustração com o mau planejamento do setor de design, você pode se libertar verbalmente. Basta procurar o designer-chefe e dizer: "Como posso ajudálo a entregar as amostras dentro do prazo? Eu posso reforçar sua equipe emprestando alguns colaboradores ou então podemos pedir a ajuda de que você precisa."

Libertar-se usando as regras do trabalho: Por regra do trabalho entenda qualquer procedimento-padrão ou documento usado no ambiente de trabalho: contratos, cronogramas, descrições de cargos e salários, memorandos, avaliações de desempenho, normas, regulamentos e outras formas de documentação.

Esse tipo de recurso ajuda a despersonalizar situações complicadas, pois oferece meios objetivos de acompanhar os acontecimentos e medir os desempenhos das pessoas. Pesquise as regras de trabalho disponíveis e identifique as mais adequadas à sua situação.

Suponhamos que você seja gerente e que esteja constantemente irritado por causa dos maus hábitos de um membro da equipe. Ele chega sempre atrasado, entrega relatórios malfeitos e passa horas se divertindo com joguinhos no computador. Em vez de deixar que esse comportamento antiético o enlouqueça, liberte-se da armadilha usando as regras do trabalho. Primeiro, recorra à sua **descrição do cargo**. Será que ele está cumprindo com suas responsabilidades? Se não estiver, crie **padrões de desempenho** que especifiquem a quantidade e a qualidade do trabalho. E não deixe de **documentar** qualquer ocasião em que sua produção fique abaixo do esperado. Finalmente, realize **avaliações de desempenho** para cada aspecto do comportamento desse funcionário no trabalho.

SEU MANUAL DE REGRAS DO TRABALHO

Existem vários recursos disponíveis para que você retire qualquer situação do limbo emocional e a recoloque no contexto profissional. Mesmo as armadilhas interpessoais mais complexas podem ser desarmadas se você aplicar a norma correta. Um cliente rebelde pode ser colocado em seu devido lugar se você recorrer às regras da empresa e aplicá-las. Documentar cuidadosamente cada tarefa realizada e enviar cópias dos e-mails trocados pode expor as dissimulações de um colega de trabalho sem princípios.

É preciso pensar estrategicamente para selecionar e utilizar a regra de trabalho ideal para cada situação. Pense nas pessoas envolvidas e determine qual tática produzirá os melhores resultados. Você não deseja sobrecarregar ninguém com uma overdose de documentos ou com relatórios enormes e desprovidos de objetividade.

Se as circunstâncias forem muito complicadas para aplicar essas técnicas, não entre em pânico. Nos capítulos seguintes, apresentaremos métodos mais avançados, próprios para situações realmente irritantes.

Se a sua empresa é pequena, pode ser que ela ainda não possua os chamados documentos-padrão (descrição de cargo, avaliação de desempenho, normas e regulamentos). Uma boa idéia é desenvolver esses sistemas e oferecê-los a seu chefe. Caso você trabalhe em uma multinacional, as regras de trabalho listadas abaixo já devem estar disponíveis.

1. Descrição de cargo: explicação detalhada sobre as responsabilidades de cada função dentro da empresa.
   - Os gerentes podem recorrer à descrição de um cargo para fazer com que a pessoa se responsabilize pela realização das tarefas que lhe cabem.
   - O colaborador pode usar a descrição do próprio cargo quando precisar definir os limites do seu trabalho em relação às expectativas da empresa.

2. Expectativas/metas de desempenho: critérios concretos e mensuráveis para avaliação do desempenho do colaborador. A descrição de um cargo de vendedor pode ser genérica ("vender o produto tal"), mas as expectativas/metas precisam ser mais específicas: "Vender R$ 3 milhões do produto tal até o dia 1º de abril."
   - Os gerentes podem utilizar as metas de desempenho para avaliar sua equipe.
   - Os colaboradores podem recorrer a esse conjunto de metas para monitorar seu desempenho e também para saber como estão sendo avaliados.

3. Avaliações de desempenho: apreciações bimestrais, anuais ou bienais do desempenho geral de um colaborador.

- Chefes e gerentes podem utilizar as avaliações para informar aos colaboradores em que áreas eles precisam melhorar.
- Os colaboradores podem usar as avaliações para obter promoções, bonificações e aumentos de salário.

4. Normas e regulamentos: conjunto de procedimentos, também conhecido como "manual do colaborador", que descreve o código de conduta geral de uma empresa.
   - Tanto gerentes quanto colaboradores podem recorrer a esse manual para definir quais comportamentos são aceitáveis ou não.

5. Formulários de advertência: relatórios que documentam o comportamento insatisfatório de um colaborador e o advertem da possibilidade de demissão.
   - Chefes e gerentes podem utilizar essas regras para comunicar oficialmente a um colaborador que sua maneira de proceder passou dos limites e que a infração é passível de demissão.

6. Memorandos, e-mails, cartas: qualquer tipo de correspondência escrita.
   - Tanto os gerentes quanto os colaboradores podem usar esses diferentes métodos de comunicação para relatar um projeto bem-sucedido, resumir os resultados de uma reunião, esclarecer um mal-entendido, traçar um plano ou transmitir qualquer outro tipo de informação relevante.

7. Pauta da reunião: uma lista formal de tópicos a serem discutidos em uma reunião.
   - Os gerentes podem recorrer à pauta para manter as reuniões dentro de seu propósito.

- Os colaboradores podem trazer seus próprios roteiros de assuntos para os encontros com colegas e supervisores, de modo a fazer com que sejam discutidos os assuntos importantes.

8. Documentação: registro de fatos e ocorrências, incluindo hora, data e descrição dos incidentes.
   - Tanto os gerentes como os colaboradores podem recorrer a essas regras para reunir dados sobre qualquer situação que os tenha feito "cair na armadilha".

COMO IDENTIFICAR UMA ARMADILHA ANTES DE CAIR NELA

As pessoas reagem de maneiras diferentes a circunstâncias estressantes no trabalho. Há quem tenha respostas **físicas**. O organismo envia sinais físicos que indicam a presença de tensão emocional. Se você se deixa "aprisionar fisicamente", talvez conheça alguns dos seguintes sintomas: dentes cerrados, rigidez no pescoço, dores de cabeça, sensação de opressão no peito, ondas de calor ou de frio, dores estomacais, náuseas, falta de ar, formigamento nos braços, dores nas costas, espasmos musculares, espasmos faciais, insônia ou fadiga.

Harvey trabalha para o setor de leasing de um grande fabricante de carros. Ele ouve o telefone tocar, olha o número da chamada e imediatamente sente que seus ombros ficam mais tensos. É o Sr. Sullivan (também conhecido como Sr. Matraca), um de seus clientes mais carentes. Harvey olha a hora no relógio: 2h15 da tarde. Ele tem uma reunião importante com o seu supervisor dali a 15 minutos. A dor nos ombros começa a subir para o pescoço porque ele sabe que o Sr. Sullivan certamente irá demorar mais do que os 15 minutos de que dispõe. Às 2h40, a dor no pescoço de Harvey está na fase aguda quando ele finalmente consegue terminar a ligação e corre para o escritório de seu supervisor.

Algumas pessoas respondem **emocionalmente** às armadilhas. Elas sentem fortes sentimentos negativos, como raiva, medo, pânico, ansiedade, embaraço, confusão, depressão, repulsa, vulnerabilidade ou desespero. Se você se sente assim, pode reagir de forma explosiva em relação às pessoas e às circunstâncias que o irritam, tendo acessos incontroláveis de raiva, de choro ou de riso. As reações emocionais muitas vezes são acompanhadas de reações físicas.

Carina é a assistente pessoal da decoradora Erica Payne. Quando Erica entra no escritório, Carina imediatamente começa a sentir ondas de ansiedade. Ela sabe que a chefe vai procurar algo para criticá-la. Um dia antes, já tinha sido repreendida na frente dos outros por ter organizado as amostras incorretamente. "Não te ensinaram nada na faculdade?", reclamou a decoradora. Carina sentiu-se envergonhada e furiosa ao mesmo tempo. Desde que começou a trabalhar para Erica, seu humor azedou. Toda vez que pensa no trabalho, ela fica deprimida.

Outra reação comum às armadilhas no local de trabalho está relacionada à atividade **mental** não produtiva. Uma situação ou um relacionamento difícil com algum colega ou chefe pode gerar pensamentos obsessivos, distrações, paranóias, fantasias de vingança, esquecimentos ou dificuldade de manter a concentração. Quando você está mentalmente preso a uma armadilha, seu intelecto trabalha em dobro para tentar se safar do estresse.

José foi promovido recentemente a chefe do setor de contas a receber de um fabricante de garrafas. Como é novo no cargo, precisa de toda a sua capacidade de concentração para não errar nenhum detalhe. Mas José tem dois colegas que se sentam logo atrás dele e batem papo o dia inteiro. Às vezes, as conversas estão relacionadas ao trabalho; outras vezes, não. O burburinho lhe dá a impressão de ter um enxame de vespas ao redor da cabeça. José não consegue se concentrar: ou fica distraído pelo barulho ou obcecado com a idéia de fazê-lo parar. De um jeito ou de outro, ele não consegue "esquecer" as vozes dos colegas.

Se você também se deixa afetar de alguma forma (seja física, emocional ou mentalmente) pelas armadilhas no local de trabalho, precisa agir rapidamente. Quanto mais cedo perceber que uma pessoa ou uma situação tem potencial para se tornar uma armadilha, mais facilmente encontrará uma solução. Identifique as pessoas e circunstâncias que estimulam sentimentos positivos em você e também as que o deixam tenso, agitado ou com a sensação de derrotado. Tente identificar quem ou o que provoca essa reação em você. A partir daí, aplique os quatro passos essenciais para libertar-se das armadilhas.

As histórias a seguir ilustram como funciona o processo de libertação. Veja como Glenn e Tom descobrem que caíram na armadilha e as saídas que encontraram. Depois faça a sua própria simulação e aprenda a libertar-se usando a avaliação apresentada no fim deste capítulo.

O CASO DE GLENN

Glenn é designer de software e trabalha na Califórnia. Sua vida mudou no dia em que seu chefe, Arthur, deixou a empresa para ir trabalhar numa concorrente. O estilo de gerenciar de Arthur, sem muita interferência, funcionava bem para Glenn, pois incentivava sua criatividade. O resultado foi uma grande variedade de lançamentos assinados pelos dois.

O substituto de Arthur, Mike, tem um estilo diferente. Na primeira reunião com Glenn, ele avisou: "Eu acredito na gerência com maior interferência. Não aceito trabalho malfeito e exijo relatórios diários sobre o andamento dos projetos."

Ao fim de cada dia de trabalho, Mike insiste em revisar o relatório de Glenn. Ele questiona cada decisão tomada e Glenn fica surpreso por ter que defender suas escolhas técnicas e conceituais. Após um mês nesse ritmo, Glenn está cansado, irritado e frustrado. Em sua opinião, os relatórios são uma perda de tempo. "Fico tão ocupado tendo que provar que o meu trabalho é bom que não consigo fazer mais nada."

Durante várias semanas, Glenn não consegue parar de pensar em Mike, falar sobre ele, reclamar dele. Ele ensaia conversas imaginárias em que tem coragem de criticá-lo duramente e provar que ele está errado.

Glenn conversa horas com sua mulher sobre Mike. Quando ela não agüenta mais ouvir, ele liga para o seu melhor amigo, Hal. Sobra até para seu colega de jogging, Fritz. Finalmente, o filho de Glenn diz, como quem não quer nada: "Pai, você está pirando. Esse cara, Mike, está arruinando a sua vida. Esfrie a cabeça um pouco."

Neste momento, Glenn se dá conta de que está preso em uma armadilha. Seus sentimentos negativos sobre o novo chefe estão deixando-o deprimido. Antes, Glenn gostava de seu trabalho e se dava bem com seu superior. Agora, sente-se frustrado e chateado. Em vez de se concentrar nas falhas de Mike, Glenn decide tentar mudar sua reação. É o primeiro passo do processo de libertação da armadilha.

Libertar-se fisicamente: Para começar, ele decide dar uma longa corrida. Dessa vez, sozinho. Em vez de pensar em Mike, ele se concentra em liberar a energia acumulada e espairecer.

Libertar-se mentalmente: Depois da corrida, é a hora de analisar a situação:

- O que está acontecendo? *Eu tenho um novo chefe e não gosto do estilo de gerenciamento dele.*
- Qual é a circunstância? *Mike insiste em fazer reuniões diárias e quer que eu apresente relatórios regulares. Acredito que isso me faz perder tempo.*
- Qual é o papel dele? *Mike acredita em gerenciamento com mais interferência e não permite que eu faça as coisas do jeito a que estou acostumado.*
- Qual é o meu papel? *Eu não gosto de mudanças e me recuso a ver os benefícios que essa nova abordagem poderia trazer no sentido de enriquecer o meu trabalho de criação.*
- Quais são as minhas opções? *Eu posso continuar a me sentir infeliz com o estilo de Mike ou tentar me adaptar. Também posso procurar outro emprego.*

Após fazer esta análise, Glenn admitiu que, apesar de ele e Arthur terem criado vários softwares muito criativos, os programas tinham muitos bugs. Os problemas técnicos acabavam exigindo longos meses de trabalho até que os programas pudessem ser comercializados.

Glenn decide então dar uma chance à nova abordagem de Mike sobre o desenvolvimento dos softwares. Vai aderir ao método de Mike e tentar mudar sua atitude em relação às reuniões diárias, para ver se a mudança gera mesmo algum resultado positivo. Se continuar infeliz após três meses, vai começar a enviar seu currículo e procurar emprego.

Libertar-se verbalmente: Glenn encontra as palavras certas para comunicar que está pronto a cooperar: "Respeito a sua vontade de criar um produto com maior qualidade. Estou levando um certo tempo para me adaptar à nova rotina, mas vou conseguir."

Libertar-se usando as regras do trabalho: Glenn tem reuniões diárias com Mike durante três meses e avalia com ele seus relatórios. À medida que a qualidade de seu trabalho melhora e os *bugs* desaparecem, ele pergunta a Mike se podem ter reuniões menos freqüentes – semanais, em vez de diárias –, para que ele tenha mais tempo de criar os softwares.

O CASO DE TOM

Tom trabalhou durante 10 anos como bibliotecário de uma grande universidade. Recentemente, foi promovido a diretor do setor de referência. Assim que assumiu o novo cargo, Denise, sua colega de muitos anos, começou a agir de modo estranho. Antes da promoção, eles eram amigos. Agora, ela está fria e distante. Não conversa mais com ele, sequer olha em sua direção. Na hora do almoço, ela faz questão de se sentar de costas para ele. Nas reuniões, o observa fixamente, com olhar zangado, quando ele lhe pergunta algo. Por razões que Tom desconhece, sua antiga amiga está ressentida e o trata com desprezo.

Com medo de piorar a situação, Tom responde à frieza de Denise evitando-a. Começa a detestar a idéia de ir trabalhar. Um dia, ouve Denise falando mal dele: "Tom é um líder incompetente. Eu poderia chefiar o setor bem melhor de olhos fechados." Tom sente o sangue ferver. Chega a se imaginar empurrando "acidentalmente" uma estante de livros em cima dela. Nesse momento, ele percebe ter caído na armadilha da hostilidade de Denise. Em vez de concretizar a cena violenta que imaginou, Tom começa a libertar-se da armadilha.

Libertar-se fisicamente: Tom faz uma caminhada vigorosa pelo campus. Começa a ter uma conversa consigo mesmo. Ele está cansado do comportamento hostil de Denise.

Libertar-se mentalmente: Ele precisa de cabeça fria para analisar todas as suas opções:

- O que está acontecendo? *Eu fui promovido e minha ex-colega está me tratando mal.*
- Quais são as circunstâncias? *Eu sou o chefe dela. Ela tem responsabilidades para comigo. Ela era minha amiga, mas agora não fala mais comigo.*
- Qual é o papel dela? *Ela sente raiva e está me desprezando.*
- Qual é o meu papel? *Tenho medo de confrontá-la. Ao permanecer em silêncio, permito que ela continue agindo de modo pouco profissional.*
- Quais são as minhas opções? *Posso deixar que ela continue me hostilizando ou posso começar a estabelecer limites, esclarecendo quais comportamentos são aceitáveis ou não.*

Depois de analisar a situação, Tom descobre que Denise está no controle da situação. Tecnicamente, ele é seu chefe e tem o poder de confrontá-la a respeito de sua conduta rude e antiética, mas seu silêncio permite que Denise continue a agir da mesma forma.

Libertar-se verbalmente: Tom volta à biblioteca, procura Denise e diz: "Nós precisamos conversar. Gostaria que você viesse ao meu escritório em meia hora." Se ela se recusar, ele se mantém firme: "Não é um convite. Vejo você no escritório."

Libertar-se usando as regras do trabalho: De volta ao escritório, Tom prepara um relatório com todas as ocasiões, nas últimas duas semanas, em que Denise se recusou a responder às suas perguntas, o ridicularizou na frente dos colegas ou se recusou a compartilhar informações profissionais. Quando ela chega para a reunião, ele entrega uma cópia do documento e diz: "Eu imagino que você tenha se sentido preterida por minha promoção, mas seu comportamento nas duas últimas semanas tem sido inaceitável. Nós nos dávamos muito bem no passado, e eu gostaria de voltar a ter uma boa relação de trabalho com você. Mas, se não mudar seu modo de agir, serei obrigado a enviar este relatório para o RH e solicitar sua transferência."

CONCLUSÃO: COMO LIBERTAR-SE DA ARMADILHA – AVALIAÇÃO PESSOAL

Agora é a sua vez de "libertar-se". Pense em alguma situação em seu local de trabalho que o tenha envolvido e complete a avaliação abaixo.

1. **Descreva a situação em termos gerais. Quem está envolvido e o que continua acontecendo?**

___

___

___

2. **Faça uma lista dos sintomas que indicam que você está preso na armadilha:**

Físicos: Como o seu corpo está reagindo? Quais são os desconfortos que você está sentindo?

___

___

Emocionais: Que sentimentos desconfortáveis você está experimentando?

___

___

Mentais: Que tipo de pensamento está atrapalhando suas atividades diárias?

___

___

3. Liberte-se da armadilha:

Física: Faça uma lista de atividades para liberar energia e relaxar.

____

____

Mental: Faça um relatório da situação que você está vivendo:

- O que está acontecendo? ______________________
____
- Quais são as circunstâncias? ______________________
____
- Qual é o papel dos outros? ______________________
____
- Qual é o meu papel? ______________________
____
- Quais são as minhas opções? ______________________
____

Verbal: O que você pode dizer para resolver o problema, em vez de deixá-lo como está?

____

____

Regras do trabalho: Que normas podem despersonalizar essa situação difícil e fornecer-lhe uma maneira de documentar os incidentes e medir o desempenho?

____

____

____

____

Repita este processo sempre que perceber que está caindo em uma "armadilha" no ambiente de trabalho.

TUDO SOBRE COMO LIBERTAR-SE DE UMA ARMADILHA

Alguns sinais que indicam que você está preso numa armadilha:

Físicos - Dentes cerrados, rigidez no pescoço, dores de cabeça, sensação de opressão no peito, ondas de calor ou frio, dores estomacais, náusea, falta de ar, formigamento nos braços, dores nas costas, espasmos musculares, espasmos faciais, insônia ou fadiga.

Emocionais - Raiva, medo, pânico, ansiedade, embaraço, confusão, depressão, repulsa, fragilidade ou desespero.

Mentais - Pensamentos obsessivos, falta de atenção, distrações constantes, paranóia, fantasias de vingança, esquecimentos ou incapacidade de concentração.

Os quatro passos para "libertar-se da armadilha":

Físico: Respire, exercite-se, acalme-se e libere a energia física.

Mental: Pergunte a si mesmo: "O que está acontecendo?" Concentre-se apenas nos fatos.

Verbal: Decida o que vai dizer para resolver o problema.

Usando as regras do trabalho: Procure, entre os recursos oferecidos pela empresa, o mais adequado à situação.

2

A arte de estabelecer limites: protegendo-se no local de trabalho

Agora que nós já falamos sobre os princípios gerais de como evitar cair em armadilhas no local de trabalho, chegou a hora de aplicarmos essas dicas a zonas de perigo específicas. Vamos começar pelas fronteiras invisíveis que definem nosso território físico e pessoal, pois, no mundo corporativo, as barreiras interpessoais muitas vezes são desrespeitadas.

GUIA BÁSICO PARA ESTABELECER LIMITES

Se você fica constantemente zangado, chateado ou está sempre reclamando de alguma coisa ou alguém, provavelmente precisa estabelecer limites.

Ao estabelecer limites em um relacionamento, explique com clareza sua decisão - sem irritação e usando o mínimo de palavras possível.

Não estabeleça limites se não estiver preparado para mantê-los.

Glenda está tendo problemas com seu colega Sam, um vendedor de produtos financeiros. Sam trabalha numa sala com outros vendedores. Um local amplo, onde cada um tem sua mesa, com computador e telefone, mas praticamente nenhuma privacidade. Como assistente administrativa do vice-presidente de vendas, Glenda tem uma salinha um pouco mais isolada, ao lado do escritório do chefe, no fim do corredor.

A situação atual de Glenda começou de maneira banal. Há dois meses, Sam a abordou perguntando se poderia usar seu telefone durante o horário de almoço, para fazer uma ligação particular. "Aquela sala é muito barulhenta, você sabe", disse ele. "Não quero todo mundo sabendo da minha vida. Para usar o celular, eu preciso sair." Como Glenda sempre se sentiu um pouco culpada por ter uma salinha privada, e também porque gosta de Sam, ela concordou.

Oito semanas depois, Glenda não consegue mais tirar Sam de lá. Todas as tardes, quando ela volta do almoço, encontra migalhas sobre a mesa, latas de refrigerantes no cesto de lixo e desenhos em seu bloco de anotações. Enquanto limpa a mesa e coloca as latas usadas por Sam no cesto de reciclagem, ela se imagina reclamando com ele: "Como você ousa entrar na minha sala e usar o meu telefone sem me avisar?" Mas logo ela desiste. "Talvez eu esteja sendo muito possessiva com a minha sala. Deve ser difícil ficar cercado de gente o tempo todo."

Certa tarde, Glenda encontrou Sam em sua sala, sentado com os pés sobre a mesa e falando no telefone. Quando ele a vê, sorri e sinaliza com o dedo, pedindo "mais um minutinho". Vinte minutos depois, ela percebe que está impedida de entrar em sua própria sala. Seu sangue começa a ferver. Ela se sente usada, com raiva.

Glenda está vivendo um dilema pessoal. O que começou como uma gentileza para um colega acabou virando um pesadelo.

Quando, há dois meses, deixou que Sam usasse seu telefone, ela supôs que se tratava de uma única vez. Sam, por outro lado, interpretou o "sim" de Glenda como sinal de que poderia usar a sala dela sempre que ela não estivesse.

Embora seja tentador julgar Sam por se comportar de forma tão invasiva, a questão tem a ver com **limites interpessoais diferenciados**. O que Sam entende por espaço pessoal é muito diferente da percepção de Glenda. Ele se sente muitíssimo confortável usando o espaço e objetos de sua colega como se fossem seus. Glenda sente-se invadida. Para se libertar da armadilha, ela precisa estabelecer um limite e comunicar isso com clareza a Sam.

Os **limites físicos** são as linhas ou padrões que definem o território e protegem seus habitantes. São visíveis e, portanto, fáceis de reconhecer. Existem placas que indicam claramente quando você está cruzando a fronteira de um país. Os proprietários definem sua propriedade utilizando portões, cercas e outros tipos de indicadores físicos.

Os **limites interpessoais** são linhas ou parâmetros que definem os territórios físico, emocional e psicológico entre os indivíduos. São mais difíceis de reconhecer porque são invisíveis. Ou seja, você só saberá se cruzou o limite de alguém se a pessoa o informar. É importante saber que os limites interpessoais diferem de pessoa para pessoa. Cada indivíduo tem um conjunto único de limites e regras:

- Seu chefe pode achar que não há problema em pedir, às 17h30, um relatório cujo prazo de entrega é dali a meia hora, mas você encara o pedido como um desrespeito ao seu horário de trabalho.
- Um colega pode achar normal ouvir suas conversas telefônicas, enquanto você considera essa conduta uma invasão de privacidade.

- Um colega comenta livremente os detalhes íntimos de seu novo relacionamento, enquanto você estabelece limites rígidos entre assuntos pessoais e profissionais.

Já que os limites interpessoais são invisíveis e variam de pessoa para pessoa, é fundamental defini-los e expressá-los com clareza. Preste atenção também aos limites impostos por seus colegas de trabalho, de modo a respeitá-los.

Faça uma reflexão sobre os seus limites em cada uma das áreas abaixo:

TEMPO

O tempo é o campo em que os limites e seus conflitos são discutidos. Como você provavelmente já deve ter notado, as pessoas percebem o tempo e se relacionam com ele de modo diverso. Há quem ache que uma reunião marcada para as 10 horas pode começar até 45 minutos depois, mas existem também aqueles que chegam cedo ao trabalho e a todos os compromissos, sempre entregando tudo no prazo.

Como você se relaciona com o tempo?

- Você é uma pessoa que planeja ou é o tipo que sempre deixa para depois o que pode fazer agora?
- Você costuma chegar na hora certa e espera que os outros façam o mesmo?

Ou...

- Você vê o tempo como algo flexível e uma reunião como algo adaptável?
- Você costuma ser o último a chegar a reuniões e compromissos?

Dependendo de seu ritmo pessoal, você pode se sentir frustrado com a aparente falta de respeito com o desperdício de seu tempo ou pode precisar ficar se explicando porque está sempre atrasado.

ESPAÇO PESSOAL

O espaço pessoal no local de trabalho é uma coisa complicada porque é seu e ao mesmo tempo não é. Você pode ter uma mesa, um computador, alguns itens de escritório, mas tudo isso, de fato, pertence à empresa. Muita gente dá um toque particular à sua área de trabalho, mas é preciso entender que o espaço corporativo não está sujeito às mesmas regras da sua casa.

Muitas pessoas consideram o local de trabalho um espaço comunitário. Para elas, nada é individualizado – sua cadeira, seu telefone, seu material de escritório estão lá para serem compartilhados. Mas há quem acredite que cada pessoa possui um "território" que deve ser respeitado a todo custo. É comum, nesse caso, a existência de regras sobre como e quando seu espaço pessoal pode ser usado, e também sobre quem pode usar seu material de trabalho.

Até o contato físico é visto como espaço pessoal. Para os mais afetivos, abraçar, beijar e tocar o braço de alguém faz parte de uma troca interpessoal normal. Mas há quem acredite que, no ambiente de trabalho, o máximo de aproximação permitida deve ser o aperto de mão. Para esse tipo de pessoa, qualquer outra forma de contato físico é inapropriada.

- Você se sente confortável dividindo seu espaço de trabalho com outras pessoas?
- Existe algum objeto que você não gosta que ninguém toque (telefone, computador, calendário, porta-canetas)?
- Como você se sente em relação a contato físico no local de trabalho?
- Você se sente desconfortável quando um colega o abraça?

Dependendo do que você considera limite pessoal, talvez se sinta constantemente desrespeitado ou aborrecido com as pessoas que "invadem o seu espaço". Ou então se sinta magoado e confuso quando os colegas reclamam por ter usado seus objetos pessoais.

MANTENDO A PALAVRA

A habilidade de fazer promessas e cumpri-las varia muito de pessoa para pessoa. Muita gente vive de acordo com o ditado: "Você vale tanto quanto a sua palavra." E tem o cuidado de só se comprometer quando tem certeza de que poderá cumprir o compromisso. Mas há também quem encare as promessas como intenções fluidas. Essas pessoas costumam dizer "sim" a tudo, garantem que vão cumprir certas obrigações – como, por exemplo, dar um aumento ou completar sua parte num projeto –, mas acabam se tornando uma decepção. Como você se comporta nessa área?

- Você mantém sua palavra a todo custo?
- Você encara as promessas como algo fluido e variável?
- Você já foi alvo de promessas que não foram cumpridas?
- Você já prometeu alguma coisa em um momento de empolgação e depois percebeu que não poderia manter a palavra?

Se você toma muito cuidado com o que fala, talvez espere que os outros se comportem da mesma maneira. Por outro lado, se você encara os compromissos como algo passível de ajustes, pode se surpreender quando um colega fica furioso ao perceber que você não cumpriu uma promessa feita anteriormente.

INFORMAÇÃO PESSOAL

Toda empresa reúne pessoas de todos os tipos, daí a dificuldade em chegar a um acordo quando se trata de definir os limites entre a vida pessoal e a profissional.

- Quanto você fala sobre a sua vida pessoal no trabalho?
- Quanto você quer saber sobre a vida pessoal de seus colegas?
- Você deixa seus colegas a par das novidades sobre a sua casa, sua família e sua vida amorosa?
- Você prefere manter privacidade sobre todos os aspectos de sua vida pessoal?

Dependendo de como define os seus limites pessoais, você pode tanto se sentir invadido pelas narrativas daqueles colegas que "contam tudo" ou rejeitado, caso ninguém queira ouvir as novidades sobre o seu último caso amoroso.

EXPRESSÃO EMOCIONAL

Querendo ou não, sempre que as pessoas interagem, há emoções envolvidas. E as diferenças são grandes quando se trata de expressar sentimentos ou de lidar com as reações emocionais dos outros. Para algumas pessoas, a capacidade de demonstrar raiva, chateação ou animação é fundamental, pois elas acreditam que a repressão emocional é uma forma de opressão. Mas existe também quem considere o autocontrole uma atitude mais profissional. Nesse caso, reprimir as emoções é sinal de disciplina.

- Você acha importante expressar as emoções no trabalho?
- Demonstrações emotivas fortes, como chorar, gritar ou rir histericamente, são aceitáveis no local de trabalho?
- Você prefere manter suas emoções sob controle?
- Os rompantes emocionais dos outros o incomodam?

Dependendo de seus limites nessa área, você poderá tanto se sentir incomodado com o transbordamento emocional de algum colega ou chefe quanto reprimido, por não poder revelar seus sentimentos no ambiente de trabalho.

EDUCAÇÃO/BOAS MANEIRAS

As boas maneiras são os costumes sociais que demonstram respeito por outras pessoas. O que constitui uma atitude educada depende do entendimento de cada pessoa. Há quem faça questão de dizer "bom-dia" para todos e encerrar todos os pedidos com "por favor" e "obrigado". Mas há também aqueles que consideram essas pequenas gentilezas uma perda de tempo, pois supõem que todo mundo pode cuidar da própria vida.

- Você costuma dizer coisas como "Você primeiro", "Com licença" e "Obrigado"?
- Você considera a gentileza e a boa educação uma perda de tempo?
- Você acredita que os colegas devem cumprimentá-lo com expressões como "Bom dia", "Olá" e "Como vai"?
- Você se sente ofendido se alguém fala com você de modo rude?

Se a educação e as boas maneiras são importantes para você, um colega que não partilha dos mesmos valores vai invadir o seu limite nessa área. Mas, se você não liga para as pequenas gentilezas, pode ficar indignado se um colega o acusar de ser descortês.

BARULHO

As pessoas têm diferentes níveis de sensibilidade ao barulho. O alvoroço no escritório pode ser causado por pessoas falando muito alto, música ambiente ou mesmo o som de equipamentos (telefones, celulares, fax, impressora). Às vezes, até espirros espalhafatosos, pigarros e tosses constantes, além do ato de mascar chicletes, podem invadir o seu espaço sonoro e atrapalhar seu trabalho.

- Você se sente confortável em um ambiente barulhento?
- Você tem problemas de concentração devido a determinados tipos de barulho?
- Você se sente mais animado quando há pessoas falando, ouvindo música em volume alto e fazendo algazarra?
- Você prefere um ambiente mais quieto, com pessoas falando baixo, música em baixo volume e sons delicados?

Se você é sensível ao barulho, sem dúvida vai se sentir invadido pelos sons produzidos por outras pessoas. Se for mais tolerante, talvez fique surpreso ao descobrir que uma campainha de celular ou uma conversa em tom mais alto podem deixar seus colegas nervosos.

EXISTE ALGUÉM DESRESPEITANDO SEUS LIMITES?

Chamamos as pessoas e os acontecimentos que desrespeitam nosso território pessoal de **Invasores de Limites**. O colega que senta ao seu lado e conversa tanto e tão alto que atrapalha seu poder de concentração é um Invasor de Limites. Um cliente que obtém ilicitamente o telefone da sua casa e liga durante o fim de semana é um Invasor de Limites. O chefe que intercepta, abre e lê sua correspondência é um Invasor de Limites.

Como esses personagens invadem o seu território pessoal, eles podem ser uma fonte de grande desconforto emocional e mental. A melhor maneira de identificar um típico Invasor de Limites é verificar como você reage ao comportamento dessa pessoa.

Se você está sempre zangado, chateado ou fica o tempo todo reclamando de algo ou alguém, é provável que precise estabelecer um limite.

Esse princípio oferece uma maneira construtiva de usar os sentimentos negativos que o comportamento desrespeitoso de alguém pode desencadear em você. Sensações freqüentes de raiva, frustração ou irritação muitas vezes indicam que alguém ou algo está cruzando uma barreira interpessoal.

Se a conversa em altos brados de um colega deixa você furioso, é sinal de que é preciso estabelecer um limite para o barulho. Seu aborrecimento com o cliente que obteve ilicitamente o telefone da sua casa demonstra a necessidade de estabelecer limites quanto ao acesso às informações pessoais da equipe. Se você se sente indignado com o fato de seu chefe interceptar e ler sua correspondência, isso pode levá-lo a estabelecer um código de privacidade para documentos pessoais.

Assim que você identificar a pessoa ou a situação que o incomoda, pode começar a libertar-se da armadilha.

Libertar-se fisicamente: Siga os passos para liberar a tensão e acalmar o seu sistema nervoso. Os Invasores de Limites costumam gerar muito estresse físico.

Libertar-se mentalmente: Avalie sua situação e pense nos tipos de limites que você pode estabelecer.

Libertar-se verbalmente: Comunique seus limites a quem de direito.

Libertar-se usando as regras do trabalho: Tome atitudes concretas para reforçar os limites que você estabeleceu.

Os exemplos seguintes descrevem casos reais em que as pessoas conseguiram reagir a situações de desrespeito usando as técnicas de libertação das armadilhas.

ESTABELECENDO UM LIMITE DE TEMPO

Clark é gerente de projetos de uma pequena agência de publicidade em São Francisco. Ele é responsável pela parte gráfica dos anúncios da empresa. Há um cliente que o deixa tenso. É um grande restaurante de peixes e crustáceos que coloca anúncios diários nos jornais locais. O gerente do restaurante, Walter, é responsável por entregar os anúncios para o setor de produção. O problema é que ele sempre espera até às 16 horas para ligar e dizer quais são os anúncios do dia seguinte. O prazo apertado força o setor de produção da agência a fazer serão todos os dias.

Embora Clark tenha pedido a Walter que ligasse mais cedo, e este se desculpasse pelos pedidos de última hora, nada muda. Com isso, a equipe de produção sente cada vez mais raiva de Clark e Clark fica mais e mais frustrado e chateado com Walter. Por ser uma grande conta, Clark tem medo de estabelecer limites para Walter.

Um dia, a supervisora da agência informa a Clark que não é mais possível pagar as horas extras do setor de produção por causa de um único cliente. Clark concorda, mas fica nervoso por ter que estabelecer limites. Com a ajuda da supervisora, ele começa a libertar-se da armadilha.

Libertar-se fisicamente: Durante a hora do almoço, Clark sai para dar uma volta. O objetivo? Clarear os pensamentos.

Libertar-se mentalmente: Enquanto caminha, ele pensa sobre sua situação.

- O que está acontecendo? *Tenho um cliente fora de controle. Walter liga tão tarde para fazer o pedido dos anúncios que todo mundo precisa fazer hora extra para terminar o trabalho a tempo.*
- Qual é o papel do cliente? *Walter obviamente tem dificuldade em administrar seu tempo de modo eficaz. Embora eu lhe peça para entrar em contato mais cedo, ele continua deixando para o último momento.*

- Qual é o meu papel? *Não estou administrando a conta corretamente. Outros gerentes de projeto não têm esse tipo de problema. Preciso estabelecer um prazo-limite para Walter.*
- Quais são as minhas opções? *Deixar a situação como está e correr o risco de ser demitido ou então descobrir como fazer meu cliente mudar o comportamento. Posso pedir ajuda à minha supervisora para resolver o problema.*

Libertar-se verbalmente: Depois de ter uma reunião com sua supervisora, Clark liga para Walter e comunica o seguinte: "A conta do restaurante significa muito para a nossa agência, mas não podemos criar os anúncios corretamente se os recebemos tão tarde. Futuramente, não poderei receber nenhum trabalho para ser entregue no mesmo dia após as 13 horas. Se os recebermos mais tarde, será preciso cobrar uma taxa de urgência para pagar os funcionários que fazem hora extra".

Libertar-se usando as regras do trabalho: Depois de comunicar as novas regras, Clark toma atitudes concretas para melhor administrar a conta. Ele envia a Walter um memorando repetindo as novas regras e pedindo que o restaurante o ajude a cumprir o prazo. Clark também dá início a um novo sistema de monitoramento: ele liga para Walter ao meio-dia para lembrá-lo do prazo combinado e novamente às 13 horas, para fechar o anúncio.

ESTABELECENDO UM LIMITE DE ESPAÇO PESSOAL

Voltemos agora para o caso de Glenda e de seu colega espaçoso, Sam. Só quando ela o encontra com os pés em cima da mesa e pede que espere um pouco do lado de fora de sua própria sala é que ela percebe a necessidade de estabelecer um limite. Tremendo de raiva, ela espera que Sam, enfim, libere sua sala para começar o processo de "libertação da armadilha".

Libertar-se fisicamente: Glenda marca imediatamente uma sessão de massagem para depois do expediente; ela precisa liberar a tensão e relaxar.

Libertar-se mentalmente: Enquanto é massageada, Glenda descreve sua situação para a massagista:

- O que está acontecendo? *Tenho um colega que está invadindo o meu espaço ao usar minha sala todas as vezes que saio. Ele almoça, faz ligações para os amigos e deixa tudo sujo e revirado. Isso está me deixando louca.*
- Qual é o papel dele? *Depois de obter minha permissão uma vez para fazer uma ligação, Sam decidiu que não havia nenhum problema em usar a minha sala sempre que eu não estiver lá.*
- Qual é o meu papel? *Até o momento, eu não disse nada. Continuo ignorando o problema, esperando que tudo se resolva.*
- Quais são minhas opções? *Posso continuar a ficar chateada e não dizer nada, posso colocar um aviso de* ENTRADA PROIBIDA *na porta da sala, posso pedir ao meu chefe para falar com Sam ou posso eu mesma falar com ele.*

Libertar-se verbalmente: Glenda decide conversar com Sam. Na manhã seguinte, ela liga e o chama para uma conversa: "Preciso pedir a você para parar de usar a minha sala quando eu estiver fora do escritório. Eu trabalho com informações confidenciais e gostaria que ninguém mexesse nelas." Sam meneia afirmativamente a cabeça, compreensivo. Glenda continua: "Eu aceitei seu pedido porque achei que seria só aquela vez. Se você tiver uma emergência, pode usar o meu telefone. Mas, do contrário, não entre na minha sala, por favor."

Libertar-se usando as regras do trabalho: Depois da conversa, Glenda envia a Sam um breve e-mail, agradecendo-lhe por respeitar sua privacidade. Ela também documenta a conversa, caso Sam "esqueça" o limite que ela acabou de estabelecer.

MANTENDO A SUA PALAVRA

Charlie é uma estrela em ascensão em uma grande loja de equipamentos esportivos. Ele é um dos melhores vendedores. Está sempre disposto a ajudar no que for preciso. Quando seu chefe pede que ajude o setor de promoção durante o verão, ele aceita prontamente.

Nessa tarefa, Charlie vai trabalhar com Bob. Eles devem organizar uma campanha que inclui a distribuição de frisbees com o logotipo da loja em shows e feiras em toda a região. Para começar o planejamento, Bob marca uma reunião com Charlie na segunda-feira, às 16 horas. Charlie prontamente concorda.

Às 16h30, no entanto, ele ainda não apareceu. Quando Bob liga para o celular dele, ouve a desculpa: "Eu não sabia que era esta segunda-feira. Eu tenho uma consulta com meu dentista. Vamos remarcar para amanhã, às 17 horas."

Bob aguarda mais 24 horas apenas para descobrir que seu colega não vai aparecer novamente. Desta vez, ele não consegue nem falar com Charlie. No dia seguinte, Bob o confronta na loja. "Onde você estava? Deixei mensagens no seu celular e no seu telefone de casa." Charlie pede desculpas e alega que anda muito ocupado. Furioso, Bob vai embora e pensa: "Não vou perder meu tempo marcando outra reunião com esse cara até eu ter certeza que ele vai de fato aparecer."

Bob começa a libertar-se da armadilha.

Libertar-se fisicamente: Assim que chega a casa, Bob coloca sua roupa de ciclismo e sai para pedalar.

Libertar-se mentalmente: Enquanto se exercita, Bob avalia a situação:

- O que está acontecendo? *Eu preciso fazer um projeto com um sujeito que não é capaz de cumprir sua palavra. Ele combina se reunir comigo, mas nunca aparece.*
- Qual é o papel de Charlie? *Ele concorda com as propostas, mas suas ações negam o que ele diz.*
- Qual é o meu papel? *Eu acreditei quando Charlie disse que queria trabalhar nessa campanha. Agora não tenho mais tanta certeza.*
- Quais são minhas opções? *Procurar o gerente para reclamar ou cuidar eu mesmo do assunto.*

Libertar-se verbalmente: No dia seguinte, Bob procura Charlie e diz o seguinte: "Você disse que queria participar desse projeto, mas não é o que parece. Se desistiu, é só dizer. Do contrário, espero que apareça no horário combinado. Se faltar a mais uma reunião, serei obrigado a comunicar o ocorrido."

Libertar-se usando as regras do trabalho: Depois dessa conversa, Bob faz um relatório em que descreve as duas reuniões a que Charlie não compareceu e o que foi dito, caso ele precise dessas informações futuramente.

ESTABELECENDO UM LIMITE PARA AS INFORMAÇÕES PESSOAIS

Jody trabalha há seis meses para Maxime, uma agente teatral. No começo, ela estava entusiasmada por ser assistente de uma figura tão conhecida e respeitada no mundo do teatro. Nos últimos tempos, no entanto, ela começou a questionar o comportamento de sua chefe.

Embora Jody compreenda que Maxime precisa manter um relacionamento com os clientes, ela fica surpresa com o número de vezes em que a chefe volta desses almoços de trabalho com hálito de quem bebeu. Muitas vezes, depois dessas socializações na hora do almoço, Maxime chama Jody e confessa seus segredos mais íntimos. Ela fala sobre seu casamento em crise, seu marido cruel e como seu status está caindo no mercado. Jody sente-se desconfortável com esses desabafos, mas imagina que deve ouvir sua chefe.

Certa manhã, Maxime liga para Jody em sua casa, um pouco antes de ela sair para trabalhar, e pede que ela conte uma mentira. "Meu marido pensa que eu fiz uma viagem a trabalho ontem. Se ele ligar, diga que vou chegar de Chicago hoje à tarde. Eu explicarei o resto para você quando a gente se encontrar."

Como previu Maxime, seu marido de fato liga para o escritório naquela manhã. Ao perguntar sobre o paradeiro de sua esposa, Jody repete a história inventada pela chefe, mas desliga o telefone sentindo-se chateada e desonesta. "Enganar o marido dos outros não faz parte do meu trabalho", pensa. E começa a libertar-se da armadilha.

Libertar-se fisicamente: Jody vai à academia na hora do almoço para expurgar a sensação ruim gerada pela mentira que contou a pedido da chefe. Ela nada 800 metros e fica 10 minutos na sauna.

Libertar-se mentalmente: Enquanto elimina as toxinas de seu corpo, Jody avalia sua situação:

- O que está acontecendo? *Minha chefe vive fazendo confidências. No começo, eu me senti lisonjeada, mas agora tenho que ouvi-la depois de suas bebedeiras e também preciso mentir para seu marido.*
- Qual é o papel de Maxime? *Ela está me usando como confidente e cúmplice.*

- Qual é o meu papel? *Estou concordando em desempenhar esses papéis.*
- Quais são as minhas opções? *Posso continuar no papel de confidente, sabendo mais e mais detalhes dos dramas dela, ou posso dar um basta. Posso dizer a Maxime que me sinto desconfortável por receber informações que podem ser usadas contra ela.*

Libertar-se verbalmente: Quando Maxime volta de sua "viagem a trabalho", Jody vai até seu escritório e bate de leve na porta. Maxime faz um sinal para que ela entre. "Obrigada por quebrar o meu galho", diz, com uma piscadela. "Você é um anjo." Jody fecha a porta e diz o seguinte: "Depois desse último incidente, percebi que talvez seja melhor não saber mais de nenhuma informação pessoal que possa trazer problemas para você. Eu não me sinto confortável mentindo, então, por favor, não me coloque mais nessa posição." Maxime fica visivelmente desapontada, mas se desculpa por envolvê-la em seus problemas pessoais.

Libertar-se usando as regras de trabalho: Depois da conversa, Jody envia o seguinte e-mail para Maxime: "*Gostaria de agradecer por nossa conversa de hoje à tarde. Eu realmente adoro trabalhar com você e aprendi muito nesses últimos seis meses. Fico feliz por concordarmos em manter nossas conversas num nível estritamente profissional.*" Depois de enviar o e-mail, Jody protege-se ainda pedindo ao departamento de RH que seja notificada caso haja uma oportunidade de transferência.

ESTABELECENDO UM LIMITE PARA EXPRESSAR AS EMOÇÕES

Beatrice é recepcionista de um bem-sucedido consultório de odontologia. Ela gosta de interagir com os pacientes e se esforça para lembrar o nome de cada um deles. O chefe de Beatrice, Dr. Jackson, aprecia o entusiasmo de sua recep-

cionista, mas tem uma reclamação: ele se sente desconfortável com a intensidade com que ela demonstra suas emoções no trabalho.

Beatrice abraça e beija os pacientes mais antigos, grita com os mensageiros e entregadores que se atrasam, acaricia e fala com os bebês e crianças mais novinhas e, se acha algo engraçado, começa a rir histericamente. Embora trabalhe com afinco, seu estilo efusivo muitas vezes soa exagerado para um consultório dentário.

Certo dia, o Sr. Miller, um paciente antigo, chega para sua consulta e menciona que sua esposa faleceu recentemente. Depois de ouvir a triste notícia, Beatrice começa a soluçar tão alto que o Dr. Jackson corre até a sala de espera. Enquanto tenta acalmar sua recepcionista, o viúvo, o Sr. Miller, olha a cena, sem acreditar no que está vendo. Algumas horas depois, o Dr. Jackson estabelece um limite. "Isso já foi longe demais", determina ele. "Preciso deixar claro que rompantes emocionais não são aceitáveis no meu consultório." Ele começa a libertar-se da armadilha.

Libertar-se fisicamente: O Dr. Jackson vai para casa e, à noite, sai para uma corrida. Durante o percurso, ele pensa sobre como lidar com essa funcionária eficiente, mas excessivamente emotiva.

Libertar-se mentalmente: O Dr. Jackson faz uma análise de sua situação:

- O que está acontecendo? *Beatrice tem dificuldade em controlar suas emoções. Seus rompantes me deixam constrangido e criam uma atmosfera pouco profissional no consultório.*
- Qual é o papel dela? *Beatrice obviamente é uma pessoa intensa. Talvez ela não perceba o efeito que seu comportamento tem sobre as pessoas.*

- Qual é o meu papel? *Até agora, eu não disse a ela que seu jeito efusivo me desagrada.*
- Quais são minhas opções? *Posso continuar irritado e me sentindo desconfortável com o comportamento de minha secretária ou posso estabelecer limites quanto ao nível de expressividade que desejo ter em meu consultório.*

Libertar-se verbalmente: No dia seguinte, o Dr. Jackson marca uma reunião com Beatrice e diz: "O que aconteceu com o Sr. Miller ontem não foi adequado para um consultório. Temos que estabelecer algumas regras de comportamento. A partir de hoje, você precisa controlar suas emoções. Ou seja, nada de gritar, chorar e rir histericamente." Beatrice fica magoada, com os olhos cheios d'água. "Eu sei que isso não é fácil", diz ele, gentilmente. "Mas é importante. Por favor, me ajude a resolver isso."

Libertar-se usando as regras de trabalho: Depois da reunião, o Dr. Jackson transforma esses limites em regras gerais para toda a equipe. Ele adiciona uma nova categoria ao manual dos colaboradores chamada "Comportamento e decoro profissional": "*Todos os colaboradores deste consultório concordam em comunicar-se de um jeito tranqüilo e comedido, evitando rompantes emocionais de qualquer tipo.*" Nas semanas seguintes, ele monitora Beatrice cuidadosamente para ver se ela consegue se comportar de acordo com a nova regra.

ESTABELECENDO LIMITES PARA BOAS MANEIRAS

Rhonda e Barb são enfermeiras e trabalham em horários diferentes na mesma unidade de oncologia de um grande hospital. Rhonda cobre o turno da noite, das 23 horas às 7 horas, e Barb a rende, às 7 horas, e vai até as 15 horas. Todas as manhãs, às 6h45, Barb substitui Rhonda.

Barb adora seu emprego, mas não suporta a convivência com Rhonda. Quando ela cumprimenta a colega com um amigável "bom-dia", Rhonda apenas solta um grunhido e começa a fazer um relatório de todos os pacientes problemáticos. Se Barb chega mais cedo e a ajuda com os pacientes, Rhonda nunca agradece. Sempre que precisa de algum medicamento, Rhonda nunca pede "por favor" – ela simplesmente ordena que Barb verifique o estoque. "Eu me sinto diminuída", reclama Barb. "Rhonda me trata como se eu fosse sua secretária, não como sua colega."

Certa manhã, depois de saudá-la com um "bom-dia" (e ver Rhonda olhar para cima e praguejar), Barb percebe que não consegue mais trabalhar nessas condições. A falta de educação de Rhonda a está afetando negativamente. Ela precisa estabelecer um limite e ver se sua colega pode funcionar dentro dele. É o começo de seu processo de libertação da armadilha.

Libertar-se fisicamente: Depois do trabalho, Barb vai para sua aula de ioga e concentra-se em liberar as tensões. Enquanto dirige para casa, tenta pensar em uma abordagem construtiva para resolver a situação com Rhonda.

Libertar-se mentalmente: Barb faz uma avaliação de sua situação:

- O que está acontecendo? *Trabalho com alguém que tem um comportamento social bem diferente do meu. Rhonda não me cumprimenta e dá ordens sem dizer "por favor" ou "obrigada".*
- Qual é o papel de Rhonda? *Obviamente, ela não vê essas pequenas cortesias como algo necessário. Talvez ela ache isso uma perda de tempo.*

- Qual é o meu papel? *Não gosto do comportamento dela. Sinto que ela está me desrespeitando. Mas ainda não falei sobre o assunto com ela.*
- Quais são as minhas opções? *Posso enviar anonimamente um livro de boas maneiras para Rhonda ou conversar com ela e informá-la sobre como seu comportamento me afeta.*

Libertar-se verbalmente: Na próxima vez que encontra Rhonda, Barb pergunta se pode ter uma conversa rápida com ela. "Sei que você não tem obrigação de fazer isso, mas seria importante para mim se você dissesse 'bom dia' quando nos encontrarmos. Eu gosto de ouvir 'obrigada' quando faço um favor para alguém e 'por favor' quando alguém pede um favor para mim. Isso lhe parece razoável?"

Libertar-se usando as regras do trabalho: Barb pode documentar essa conversa com Rhonda, inclusive a resposta dela. Se a situação não melhorar, Barb pode pedir uma transferência ou usar a documentação da conversa como prova de que tentou melhorar o relacionamento profissional com a colega.

ESTABELECENDO UM LIMITE PARA O BARULHO

Hank e Brock trabalham na divisão de atendimento aos clientes em uma grande empresa telefônica. Eles trabalham em um ambiente separado por divisórias acolchoadas. Essas divisórias deveriam absorver um pouco do barulho. Entretanto, a voz aguda de Brock continua soando muito alta.

Hank tem a impressão de que Brock literalmente grita quando fala com os clientes. Muitas vezes, Brock levanta-se durante as conversas, fazendo com que sua voz fique ainda mais potente, como se estivesse usando um megafone. Brock faz tudo em alto volume. Além de sua voz de trovão, seu espirro parece uma sirene de navio. Quando ele ri, o cubículo de Hank vibra. Até bocejando ele faz muito barulho.

Quando Brock está no escritório, Hank mal consegue ouvir suas próprias conversas com os clientes. Muitas vezes precisa pedir que as pessoas repitam o que disseram. Ele tem dificuldade em se concentrar em qualquer coisa que não seja o som da voz de seu colega barulhento. No fim do dia, Hank sempre tem dor de cabeça.

Depois de meses suportando a barulheira feita por Brock, Hank finalmente tem uma reunião com o supervisor de ambos, o Sr. Phelps. Ele descreve a situação e conclui com um pedido: "Não consigo me concentrar com ele trabalhando ao meu lado. Será que eu poderia mudar de lugar?" O Sr. Phelps dá um sorriso sem graça. "Hank, essa é uma situação difícil, mas eu sei que você irá resolver isso. Infelizmente, nós estamos lotados e não dá para mudar nenhum de vocês de lugar no momento."

Ao voltar da reunião, Hank percebe que a única maneira de melhorar sua situação é libertar-se da armadilha.

Libertar-se fisicamente: Na mesma noite, Hank leva seu cachorro para uma longa caminhada. Enquanto respira o ar fresco e ouve os sons suaves da vizinhança, ele pensa sobre o assunto.

Libertar-se mentalmente: Hank avalia a sua situação:

- O que está acontecendo? *Trabalho ao lado de uma pessoa que fala tão alto que não consigo me concentrar. Os sons e a agitação que emanam da cabine de Brock me distraem e prejudicam meu desempenho no trabalho.*
- Qual é o papel de Brock? *Brock fala alto e tem uma voz imponente. Ele parece não se dar conta do impacto que isso tem sobre as outras pessoas.*

- Qual é o meu papel? *Eu nunca reclamei. Fico esperando que alguém reclame ou que ele saia do emprego.*
- Quais são as minhas opções? *Tentar uma transferência (o que pode levar um tempo) ou abordar Brock e pedir para que ele fale mais baixo.*

Libertar-se verbalmente: Na manhã seguinte, Hank procura Brock e fala sobre sua situação. "Eu estou tendo dificuldade para ouvir os meus clientes. Você tem uma voz poderosa. Será que poderia falar um pouco mais baixo?" Brock parece surpreso. "Nossa, me desculpe. Eu não tinha percebido. Vou tentar falar mais baixo, mas, se subir o tom de voz novamente, me avise."

Libertar-se usando as regras do trabalho: Animado com a reação de seu colega, Hank cria um sistema para informar Brock de que o som de sua voz está começando a invadir seu local de trabalho. Hank faz uma plaquinha que diz "Mais baixo". Sempre que Brock fala alto demais, ele ergue a placa sobre a divisória para que Brock a veja.

Como esses exemplos demonstram, estabelecer limites interpessoais claros é um processo: o primeiro passo é identificar exatamente quem ou o que está invadindo seu território profissional, depois é o caso de avaliar as opções disponíveis para resolver o problema e, por fim, comunicar o que você deseja para as outras pessoas.

Ao estabelecer um limite, comunique-o claramente, sem raiva e com o mínimo de palavras possível

Quando o comportamento de outra pessoa invade o seu território, muitas vezes é tentador comunicar o seu desconforto com palavras rudes ou longas explicações. Será mais eficaz, no entanto, se você for breve e usar palavras neutras e construtivas. Por exemplo, se o objetivo é estabelecer um limite para o barulho de seu colega de sala, evite ser agressivo: "CALA A BOCA. NÃO CONSIGO TIRAR SUA TAGARELICE DE DENTRO DA MINHA CABEÇA!" Em vez disso, liberte-se da armadilha. Imagine uma frase simples e direta: "Estou tendo dificuldade para me concentrar. Por favor, fale mais baixo."

Só estabeleça limites quando estiver calmo. É recomendável fazer algum tipo de atividade física – caminhada, corrida, natação ou uma sessão de massagem – antes de estabelecer o que não pode ou deve ser ultrapassado. Por quê? Porque é preciso se desprender do lado físico e mental para conseguir abordar o Invasor de Limites de uma perspectiva mais tranqüila. Experimente.

Não estabeleça limites se não estiver preparado para mantê-los

Uma coisa é estabelecer um padrão. Outra, muito diferente, é mantê-lo uma vez que ele entre em vigor. Como um guarda que protege a fronteira de um país, você deve estar disposto a defender o princípio que estabeleceu. Veja que tipo de situação pode ocorrer:

A vida é bela – A pessoa responsável pela situação desconfortável que o levou a definir um limite compreende o seu pedido e concorda com ele. Você pode começar a desfrutar dos benefícios de seu acordo imediatamente.

Sucesso parcial – A pessoa responsável pela situação desconfortável que o levou a definir um limite respeita seu pedido por algum tempo, mas gradualmente volta ao velho comportamento. Neste caso, será preciso encontrar alguma maneira de reforçar as fronteiras de seu território.

Agressão contínua – A pessoa não gosta do limite que você tentou estabelecer ou não consegue respeitá-lo e continua invadindo o seu território físico, emocional ou psicológico. Neste caso, você precisará tomar atitudes mais drásticas.

A VIDA É BELA

Vamos ver como Clark está se saindo na agência de publicidade um ano depois. Ele nem se lembra do problema que teve com Walter (o cliente sempre atrasado) e o departamento de produção. Clark acredita que seu sucesso se deve às ligações diárias que faz para cobrar a entrega do trabalho, juntamente com o receio do cliente de ter que pagar a taxa de urgência se o anúncio chegar depois das 13 horas. A abordagem proativa de Clark junto ao cliente problemático resolveu o problema das horas extras da melhor maneira possível.

SUCESSO PARCIAL

Glenda teve uma vitória menos espetacular. Depois de confrontar Sam a respeito do uso de sua sala, ela teve duas semanas de privacidade. Mas um dia, ao voltar do almoço, encontra uma lata vazia de refrigerante – a marca registrada de Sam. Ela coloca a lata sobre a mesa dele, juntamente com um bilhete dizendo: "*Venha até meu escritório. Glenda.*" Sam consegue evitar Glenda durante uma semana, mas acaba ouvindo o que ela tem a dizer. Passa-se um mês e o problema parece ter sido resolvido. No entanto, numa sexta-feira, Glenda entra no escritório e encontra Sam novamente usando seu telefone. Desta vez, ela estabelece um limite radical. "Da próxima vez que eu encontrar você aqui sem a minha permissão, vou comunicar o fato." Com isto, Sam pede desculpas e não tenta mais ultrapassar o limite imposto.

AGRESSÃO CONTÍNUA

Depois que Barb comunica seu desejo de ser tratada de modo mais educado por Rhonda, sua colega expressa um ponto de vista diferente. "Olha, isto aqui não é um clube feminino e não estou aqui para ficar batendo papo. Se você não gosta do jeito como eu falo com você, é uma pena." Rhonda não modifica em nada sua conduta.

Inicialmente, Barb sente-se desapontada e magoada com a reação de Rhonda. Mesmo assim, ela não quer continuar a se sujeitar à negatividade de sua colega. Decide então colocar em prática as técnicas avançadas para "libertar-se da armadilha" (ver Atrações Fatais, no Capítulo 4), que incluem distanciar-se emocionalmente de Rhonda e não levar seu comportamento para o lado pessoal. "Recuso-me a deixar que os maus modos dela estraguem o meu dia." E decide pedir transferência para outra unidade ou para um andar diferente.

RESUMINDO O PROCESSO DE ESTABELECER LIMITES

Como esses exemplos bem ilustram, estabelecer limites é um processo contínuo – não algo que se faz apenas uma vez. Neste capítulo, detalhamos as sete áreas mais comuns em que as pessoas tendem a invadir o território alheio, mas as possibilidades de invasão são infinitas.

Veja as outras zonas interpessoais potencialmente transgressoras:

- Odores: perfume, mau cheiro, comida.
- Alimentação: comer a comida de alguém, ter a comida roubada, deixar restos de comida espalhados.
- Linguagem: palavrões, ofensas e piadas cabeludas.
- E-mail: correntes, piadas de mau gosto, spams, pesquisas e pedidos pessoais.

- Celulares: toques extravagantes, esquecer de colocar no modo "mudo" durante as reuniões, ouvir conversas privadas em locais públicos.
- Higiene pessoal: cabelo sujo, roupas manchadas, halitose (mau hálito).

No mundo do trabalho, estabelecer limites é uma das habilidades mais valiosas. Quanto mais a praticamos, melhor podemos identificar e comunicar nossos limites interpessoais aos outros.

Da próxima vez que alguém invadir o seu espaço físico, emocional ou psicológico, estabeleça um limite. Liberte-se das armadilhas usando os recursos físicos, mentais, verbais e também as ferramentas de negócios. Depois, mantenha-se firme na defesa de seu novo limite.

A cada conquista obtida pela imposição de regras e limites, você se sentirá menos frustrado e ficará mais satisfeito com seu trabalho.

TUDO SOBRE LIMITES

Limites básicos

1. As barreiras interpessoais são invisíveis. Elas diferem de pessoa para pessoa.
2. Você estabelece limites comunicando sua necessidade por meio de palavras e ações.
3. Se você envia uma mensagem de significado ambíguo, o resultado será igualmente ambíguo.

Tempo: Esteja disposto a estabelecer um uso limitado do tempo e cumprir a meta.

Espaço pessoal: Estabeleça regras para o uso de seus objetos.

Mantendo a sua palavra: Perceba quem são as pessoas que costumam cumprir o que prometem.

Informações pessoais: Dê um basta quando achar que já ouviu mais do que devia.

Expressar emoções: Comunique ao outro até que ponto você se sente confortável ouvindo confidências pessoais.

Educação/boas maneiras: Lembre-se de que não há problema em pedir que as pessoas sejam educadas com você.

Barulho: Encontre maneiras de diminuir o barulho ou compre protetores de ouvido.

Ao estabelecer um limite, você deve...

1. **Libertar-se fisicamente:** Adote certas práticas para liberar a tensão e se acalmar. Os Invasores de Limites costumam gerar muito estresse físico.
2. **Libertar-se mentalmente:** Avalie sua situação e pense nas opções disponíveis para estabelecer limites.
3. **Libertar-se verbalmente:** Comunique seus limites interpessoais às pessoas que precisam conhecê-los.
4. **Libertar-se usando as regras do trabalho:** Tome atitudes concretas para reforçar o limite que você acabou de estabelecer.

3

Identifique o seu papel e aprenda o que precisa fazer para mudar e melhorar seu desempenho

COMO LIBERTAR-SE DA ARMADILHA DOS PAPÉIS LIMITANTES NO AMBIENTE DE TRABALHO:

1. Determine qual papel está desempenhando.
2. Dentro desse personagem, escolha uma característica que você esteja disposto a mudar.
3. Pratique esse novo comportamento por 30 dias.

Josie, 32 anos, assistente de produção da TV local, está presa em uma armadilha no trabalho. Não há projeto que ela considere grande demais. Munida de três pagers, um lápis prendendo o cabelo e um Palm Pilot preso ao cinto, Josie está sempre disponível. Ela resolve todos os problemas e emergências que surgem, mas, ainda assim, freqüentemente seus colegas a evitam. Recentemente, Josie começou a se sentir cansada e com raiva. "Não sou promovida há três anos", reclama. "Ninguém reconhece os sacrifícios que fiz." Contudo, em vez de pedir um aumento de salário ou uma promoção, o que ela faz? Trabalha ainda mais.

Embora não perceba, os problemas de Josie são decorrentes de seu próprio comportamento. Ela está presa ao papel de Mártir. Para que as coisas melhorem, *ela* precisa mudar.

Ninguém gosta de ouvir isso, mas às vezes o problema *somos nós*. Sem saber, nos fixamos em um comportamento que aos poucos pode nos destruir. Desempenhar um papel é como representar um personagem numa peça. A grande maioria das pessoas adota papéis específicos desde cedo na vida. Eles são o meio pelo qual construímos nosso sistema de valores em nossa primeira comunidade – a família.

Sem dúvida o ator Robin Williams devia ser o "palhaço" nas reuniões de família, assim como o general Colin Powell provavelmente desempenhava o papel de "herói" quando jovem e Madonna o de "rebelde". Qualquer que tenha sido o papel que você assumiu na infância, é bem provável que o repita na carreira.

Um papel pode ser um fator limitante se...

- Você se sente rotulado.
- Você acha que os outros não compreendem qual é a intenção por trás de suas ações.
- Você é regularmente esquecido ou excluído de promoções ou aumentos salariais.

À medida que você for lendo a respeito de cada um dos personagens disponíveis, provavelmente vai identificar quem, dentre os seus colegas de trabalho, se encaixa em cada um deles. É fácil observar a reação dos outros, o difícil é identificar suas próprias tendências. Desafiamos você a descobrir qual é o seu papel:

- **O Herói** – A necessidade de ser um ídolo para os outros impele esse tipo de pessoa a produzir mais e a ter um melhor desempenho.

- **O Guardião** – Esse tipo de pessoa se sente responsável pelos problemas pessoais de todo mundo e se esforça para solucioná-los.
- **O Rebelde/Bode Expiatório** – É o tipo que burla as regras e faz tudo diferente dos outros, mesmo quando isso põe em risco sua carreira.
- **O Mártir** – Quer ser reconhecido e elogiado por sacrificar-se e sofrer pela empresa.
- **O Humorista** – Especialista em contar piadas e histórias bem-humoradas para quebrar a tensão e deixar o ambiente de trabalho mais descontraído.
- **O Pacificador** – Espírito de diplomata. Faz o que for preciso para manter a paz.
- **O Invisível** – Evita problemas tentando não chamar atenção para si.

Cada personagem apresenta dois aspectos:

1. Assumindo o papel – Comportando-se inconscientemente como um certo número de personagens.
2. Sendo rotulado como um certo tipo de pessoa – Isso acontece quando seus colegas só o vêem através de um tipo de lente. Por exemplo, não importam as boas ações que um Rebelde pratique, pois ele sempre será visto como alguém indisciplinado.

Desempenhar um papel específico no trabalho torna-se uma armadilha se ele limitar seu desenvolvimento profissional ou sua capacidade de buscar o novo

Antes de se libertar desse tipo de armadilha, é preciso estar consciente de que todo mundo desempenha um papel. Muitas pessoas não fazem a menor idéia dos personagens que encarnam. É o caso daqueles que estão sempre tentando quebrar a tensão contando piadas, que acham que precisam animar e divertir seus colegas e que, no fundo, têm uma enorme dificuldade de confrontar os outros quando algo lhes desagrada – essa é a típica armadilha da qual o tipo Humorista tem dificuldade de escapar.

Por outro lado, se você se sente compelido a chocar seus colegas dizendo coisas provocativas, se o seu "espírito independente" o impede de fazer parte de qualquer equipe e se você entra em confronto constantemente com as pessoas em cargos de chefia, pode ser que o seu papel de Rebelde esteja atrapalhando sua carreira.

É possível assumir diversos papéis no ambiente de trabalho. O importante é perceber que papel você desempenha e como ele pode estar impedindo seu crescimento profissional.

O HERÓI

Ele é o super-homem do local de trabalho. O Herói se orgulha de resolver qualquer problema que atravesse seu caminho. Todo Herói é naturalmente mais engenhoso e sensato que a maioria das pessoas da sua idade. É o tipo que vê a si mesmo como alguém capaz e competente. Sua atitude sempre ativa e disposta o torna um personagem valioso em qualquer situação de trabalho. Os colaboradores recém-contratados muitas vezes chegam a pensar que o Herói é o dono da empresa.

É ótimo ser um Herói... até o momento em que isso começa a ser um empecilho. Ou seja, quando o Herói não consegue dizer não e assume mais responsabilidades do que deveria. O Herói às vezes trabalha tanto que coloca em risco sua saúde e sua vida familiar.

Leia as questões abaixo e marque as opções que melhor descrevem o seu comportamento:

- ❑ Você costuma ser o primeiro a chegar ao trabalho e o último a sair?
- ❑ Você já desistiu ou cancelou suas férias por causa do trabalho?

- ❑ Você é constantemente procurado para resolver problemas que não fazem parte da descrição de seu cargo?
- ❑ Você tem dificuldade em dizer não quando alguém lhe pede para assumir mais uma responsabilidade?

O GUARDIÃO

O Guardião é o conselheiro natural do ambiente de trabalho. Ele tem o dom de ouvir, de deixar as pessoas à vontade e seguras, e, por isso, quando menos se espera, ele ganha ares de "melhor amigo" e vira alvo das mais íntimas confidências.

O Guardião gosta de resolver os problemas pessoais dos outros. E isso só se torna um problema quando o conhecimento dos problemas pessoais de um colega atrapalha sua capacidade de julgamento em relação à responsabilidade dessa pessoa.

Se você acha que se comporta como um Guardião, leia as questões abaixo e marque as opções que melhor descrevem o seu comportamento:

- ❑ Você fica sabendo da vida particular de seus colegas de modo natural, sem forçar?
- ❑ Seus colegas de trabalho sempre lhe contam seus problemas pessoais?
- ❑ Você justifica o comportamento dos colegas por conhecer seus problemas pessoais?
- ❑ Você cria expectativas menores e "dá um desconto" aos colegas que não são muito competentes?
- ❑ Você está sempre resolvendo os problemas dos outros no local de trabalho?

O REBELDE

O Rebelde é o não-conformista. Como naturalmente pensa de forma independente, tende a questionar todas as regras, regulamentos e sistemas. O Rebelde tem a alma guerreira – ele quer mudar as coisas, o que o torna extremamente valioso quando a empresa precisa renovar suas práticas habituais. Como pensa de um jeito radical, pode forçar os outros membros da equipe a expandir seus pontos de vista. De modo geral, o Rebelde tem dificuldade em confiar nas pessoas que ocupam cargos de chefia. Por essa razão, é mais bem-sucedido quando ocupa a posição de líder.

É divertido ser o Rebelde, mas só até o momento em que sua necessidade de questionar o sistema começa a afastá-lo do grupo. Uma vez rotulado de encrenqueiro, passa a ser evitado pelos colegas e o chefe fica cada vez mais incomodado com sua necessidade de desafiar as decisões dele. Não é por acaso que alguns Rebeldes tornam-se os bodes expiatórios da empresa – é fácil colocar a culpa neles quando as coisas dão errado.

Se você suspeita ter uma alma Rebelde, leia as questões abaixo e marque as opções que melhor descrevem o seu comportamento:

- ❑ Você se considera uma pessoa com idéias próprias?
- ❑ Você gosta de chocar os colegas com afirmações provocativas?
- ❑ Você costuma assumir o ponto de vista contrário ao do grupo, só para contrariar?
- ❑ Você se sente estimulado quando se envolve em uma grande discussão?
- ❑ Você freqüentemente entra em confronto com seus superiores?

O MÁRTIR

O Mártir é o sofredor profissional. Ele sacrifica seu tempo e energia pelo bem da empresa. Enquanto o Herói quer ser reconhecido por seu arrojo, o Mártir quer ser apreciado por sua dedicação extremada. É o tipo de colaborador muito dedicado e diligente. Para ele, nenhum trabalho é difícil ou ruim. Quando identifica alguma necessidade, trata de saná-la. Por esse motivo, a maioria dos Mártires é extremamente ocupada. Seu único desejo é ser valorizado e respeitado por seus esforços.

Pode ser gratificante ser o Mártir, mas cuidado para não ser consumido pelo papel. Você sabe que está preso na armadilha de Mártir quando se sente cansado, amargurado e sem reconhecimento pelos sacrifícios que fez.

Se você se identifica com esse estilo, leia as questões abaixo e marque as opções que melhor descrevem o seu comportamento:

- ❑ Sua carga de trabalho é maior que a de todo mundo?
- ❑ Você tem o hábito de se apresentar para resolver qualquer problema que apareça (tipo “salvar o dia”)?
- ❑ Você se sente enciumado quando um colega de trabalho recebe atenção?
- ❑ Você acha que tudo o que faz não é devidamente apreciado?
- ❑ Você se sente sobrecarregado, subjugado e fisicamente exausto na maior parte do tempo?

O HUMORISTA

O Humorista é aquele que diverte a platéia no local de trabalho. Ele sabe como ver o lado bom de cada situação e é capaz de rir de si mesmo. Até os colegas mais sérios e compenetrados se divertem com suas tiradas. Ele envia e-mails engraçados, faz piadas em reuniões tensas e brinca com os colegas no corredor. Como seu comportamento bem-humorado alivia a tensão, o Humorista tende a ser muito popular.

Vale a pena ser o Humorista. Só precisa ter cuidado para que sua reputação não comprometa a sua carreira. O maior risco é de que os outros não o levem a sério. Muitos Humoristas sofrem porque suas idéias e opiniões são marginalizadas. As pessoas acham que eles estão brincando mesmo quando têm algo importante a dizer.

Se você acha que se encaixa nessa descrição, leia as questões abaixo e marque as opções que melhor revelam o seu comportamento:

- ❑ É seu primeiro impulso achar graça em qualquer situação?
- ❑ Você tem o dom de fazer as pessoas rirem?
- ❑ Você se orgulha de animar e divertir os seus colegas?
- ❑ Os conflitos interpessoais o deixam desconfortável?
- ❑ Você, às vezes, deseja que as pessoas o levem mais a sério?

O PACIFICADOR

O Pacificador é um diplomata nato. Harmonioso por natureza, ele quer que todo mundo se dê bem. Não gosta de brigas e desentendimentos; por isso, se dois colegas tiverem uma discussão, ele tentará achar o ponto de equilíbrio. O Pacificador tem grande habilidade para trabalhar em equipe e tende a ver o aspecto positivo de tudo e de todos. Como é de fácil convivência, costuma transitar bem em todos os grupos.

É muito gratificante ser o Pacificador – o perigo é deixar que o personagem (a necessidade de manter a paz) o impeça de expressar suas verdadeiras opiniões e de assumir uma posição firme diante de algum fato. O medo de desagradar e de ofender os outros pode ter um efeito paralisante, impedindo-o de tomar decisões quando necessário. Corre o risco de ser visto como um fraco.

Se você se identifica com algumas dessas características, leia as questões abaixo e marque as opções que melhor descrevem o seu comportamento:

- ❑ Você atua como mediador nos conflitos entre outras pessoas?
- ❑ Você consegue chegar a um consenso quando as opiniões são divergentes?
- ❑ Você fica ansioso ao pensar na possibilidade de chatear seus colegas?
- ❑ Você tem dificuldade em entender por que alguém quer brigar com outra pessoa?
- ❑ Você tem medo de defender seu ponto de vista nas reuniões?

O INVISÍVEL

A pessoa do tipo Invisível passa despercebida no trabalho. Quieta e reservada por natureza, ela exige pouca ou nenhuma atenção dos outros. O Invisível sabe manter a cabeça baixa e a boca fechada. E completa suas tarefas sem fazer alarde. A maior parte dos seus colegas de trabalho nem percebe quando ele chega ou quando vai embora. O Invisível pode participar de uma reunião, palestra ou festa e ninguém se lembrar de sua presença.

O risco de se comportar como uma sombra é o de que suas melhores idéias e realizações passem completamente despercebidas. O Invisível pode ser visto como uma pessoa indiferente, antipática, que não se importa.

Se você se identifica com essas características, leia as questões abaixo e marque as opções que melhor descrevem o seu comportamento:

- ❑ Você prefere se manter longe do centro das atenções?
- ❑ Você guarda suas idéias e opiniões para si mesmo?
- ❑ Você se orgulha de fazer o seu trabalho e "não atrapalhar ninguém"?
- ❑ Nas reuniões, você costuma ficar observando?

- ❑ Você acha que seu trabalho é freqüentemente ignorado ou desprezado?

Agora que analisamos os vários personagens da vida corporativa, talvez possamos ter uma idéia do papel (ou papéis) que desempenhamos com maior freqüência. Lembre-se que nenhum personagem é problemático, a não ser que esteja limitando o seu crescimento profissional ou pessoal. Caso você perceba que está preso em uma das armadilhas criadas por seu próprio desempenho, liberte-se seguindo os seguintes passos:

1. Identifique qual papel você está desempenhando.
2. Escolha uma característica desse papel que esteja disposto a mudar.
3. Pratique o novo comportamento por 30 dias.

Para demonstrar o passo-a-passo deste processo, vamos apresentar várias histórias que descrevem as características de cada um dos sete personagens. Veja como cada pessoa aprendeu a libertar-se da armadilha que criou para si mesma.

O HERÓI

Dominick é diretor de arte de uma grande agência de publicidade. Todos o adoram. Ele é o primeiro a chegar e o último a sair – e produz campanhas formidáveis. Parece nunca precisar de férias ou de licença. Se alguém precisa de uma ajuda para lidar com um cliente difícil, se o computador quebra ou se um colega precisa de um pequeno empréstimo até o dia do pagamento, basta procurar Dominick. Ele é a pessoa a quem sempre pedem opinião durante as reuniões. Os novos colaboradores costumam pensar que ele é o dono da empresa.

Só existe um problema. As horas extras de Dominick e seus atos heróicos no trabalho estão causando problemas em sua vida familiar. Sua mulher vive ameaçando deixá-lo caso ele não lhe dê atenção. Ela está furiosa por ele muitas vezes cancelar as férias em cima da hora. "Mesmo quando você está em casa, fica horas respondendo a e-mails no seu celular", reclama ela.

Depois de cada discussão desse tipo, Dominick promete mudar seus hábitos. Durante um tempo ele se esforça e consegue sair do trabalho a tempo do jantar, mas logo acaba voltando a bancar o Herói no trabalho.

Um dia, ao voltar para casa depois de um longo dia de trabalho, Dominick encontra um bilhete na porta da frente: "Saí para procurar um homem que queira ficar comigo." Dominick fica aturdido: nunca imaginou que sua mulher teria coragem de deixá-lo. Nas semanas seguintes, ele examina atentamente seu comportamento e percebe que está preso num papel que talvez seja bom para sua reputação profissional, mas que destrói sua vida pessoal.

COMO OS HERÓIS SE LIBERTAM DA ARMADILHA

A chave para se libertar do papel de Herói é aprender a dizer não. Os Heróis gostam de se comportar de forma corajosa e de realizar grandes feitos. Sua bravura, no entanto, deixa suas vidas desequilibradas, pois eles não conseguem admitir que possuem limitações. No fundo, eles detestam desapontar os outros. E esse receio de desagradar acaba sendo uma cilada. O Herói deve entender que pode manter sua eficiência, e até tornar-se mais respeitado, se estabelecer limites no ambiente de trabalho. Eis algumas opções:

1. Evite resolver qualquer problema que não esteja de acordo com a descrição de seu cargo.

2. Saia do trabalho num horário razoável: às 18 horas e não às 21 horas.
3. Tire férias.
4. Não trabalhe nas horas de folga. Descanse.
5. Diga não da próxima vez que alguém pedir que assuma uma nova responsabilidade. Confie que outra pessoa poderá resolver a situação.

Dominick decide usar a opção número 2 para começar o seu processo de libertação: começa a sair do escritório na hora prevista, às 18 horas. Assim que chega em casa, ele aplica o passo número 4: evita trabalhar fora do escritório. No começo, romper com o velho hábito de ficar no escritório até tarde é um grande desafio. Seus colegas fazem brincadeiras, dizendo que ele está ficando "molenga", e ele se sente culpado por cumprir o horário.

Quando o abordam com problemas às 5h45 da tarde, bem na hora em que ele está se preparando para ir embora, ele reluta, mas consegue dizer: "Resolvo isso amanhã." Com o tempo, Dominick percebe que poucas questões de fato exigiam sua atenção imediata. Essa postura firme fez com que seus colegas percebessem que o Herói não é uma loja de conveniência aberta 24 horas. E acabaram respeitando sua decisão de encerrar o expediente no horário normal e pararam de pedir coisas de última hora.

O próprio Dominick se surpreendeu ao perceber que o fato de ter estabelecido limites entre o trabalho e sua vida privada aumentou sua eficiência no trabalho. Agora ele se concentra mais, é mais produtivo. Antes, sempre que recebia um briefing, um memorando ou qualquer documento que necessitasse de sua atenção, ele o levava para casa, para ler à noite. Agora, ele busca os subsídios que precisa e toma as decisões na hora.

A decisão de criar limites claros no trabalho permitiu que Dominick conseguisse ter uma vida pessoal mais rica. Ele voltou a freqüentar a academia, a jogar golfe e pôquer com os amigos.

Sua esposa até concordou em voltar a namorá-lo. Assumir o papel de Herói será sempre uma tentação para Dominick. Mas, com determinação, ele está conseguindo ser mais seletivo sobre quando e onde deve aplicar sua energia e sua coragem.

O GUARDIÃO

Christine gerencia um famoso spa localizado em uma cidade praiana. Sua recepcionista, Bibi, tem muitos problemas pessoais. É comum ela ligar para Christine, no começo do dia, avisando que o carro enguiçou. E também parece ficar doente com bastante freqüência. Em apenas seis meses, Bibi pegou uma gripe, dois resfriados e teve crises de bronquite e faringite. Para piorar, o namorado de Bibi surgiu com uma misteriosa doença neurológica que o impede de trabalhar. Como única provedora da família, Bibi está constantemente em situação difícil.

Quanto mais Bibi lhe conta seus problemas pessoais, mais responsável Christine se sente por seu bem-estar. Embora possa facilmente contratar uma recepcionista menos problemática, ela insiste em Bibi. "Bibi é uma boa pessoa. Só precisa de alguém que a apóie e a compreenda", é o que Christine diz para si mesma. Ela sinceramente acredita que sua bondade e compaixão estimularão Bibi a melhorar seu desempenho e a faltar menos.

Mas o que acontece é que os outros colaboradores ficam ressentidos com o tratamento diferenciado que Bibi recebe. Eles não entendem como uma pessoa tão desorganizada mantém seu emprego. Bibi comete diversos erros ao marcar horários, esquece de cobrar dos clientes e muitas vezes esquece de avisar os colegas de que os clientes já chegaram.

Certa manhã, quando o carro de Bibi quebra pela vigésima vez, Christine acaba tendo de ajudar na recepção.

Uma cliente regular entra e, ao vê-la, dá um suspiro de alívio e diz: "Graças a Deus é você quem está aqui e não a Bibi. Da última vez que vim aqui, ela me fez esperar, junto com várias outras pessoas, por 45 minutos enquanto resolvia um problema familiar." Naquele momento, Christine acorda: proteger Bibi está trazendo problemas para sua empresa. O desejo de ajudar uma colaboradora que está passando por uma fase difícil está interferindo na qualidade do atendimento do spa.

COMO OS GUARDIÕES SE LIBERTAM DA ARMADILHA

A chave para se libertar do papel de Guardião é agir de modo mais profissional no ambiente de trabalho. Concentre-se nos fatos, não nos sentimentos, quando estiver trabalhando. Em vez de ver a si mesmo como um conselheiro dos colegas, lembre-se de que você é simplesmente mais um trabalhador em meio a outros trabalhadores. Entenda que a tendência de proteger aqueles que não cumprem suas tarefas como deveriam não os ajuda. Na verdade, faz com que fiquem estagnados. Use sua natureza altruísta e seja menos condescendente. Ou seja, permita que cada pessoa seja responsável por suas próprias ações. Eis algumas dicas:

1. Pare de conversar com os colegas sobre assuntos pessoais.
2. Não permita que colegas lhe contem detalhes de suas vidas pessoais. Dê um jeito de mudar de assunto: "Acho que a gente precisa voltar ao trabalho."
3. Pare de justificar os erros cometidos por colegas por causa de seus problemas pessoais.
4. Pare de encobrir as falhas que seus colegas deixam no trabalho.
5. Leia a descrição de sua função; a menos que você seja o assistente social da empresa, pare de ser conivente com os problemas e comece a mensurar o desempenho deles e o seu.

Christine decide começar a libertar-se do papel de Guardiã praticando o passo número 5. Em vez de ser complacente com os problemas de Bibi, ela começa a avaliar seu desempenho. Passa a prestar atenção ao horário em que ela chega e fica chocada com os resultados: em 10 dias de trabalho, Bibi chegou atrasada sete vezes.

Diante dos fatos, Christine enfim entende por que toda a equipe critica Bibi. Ela então informa à recepcionista que, se pretende continuar no emprego, deve cumprir seu horário de trabalho. "A partir de hoje, para receber seu salário integral, é preciso cumprir integralmente o expediente." Bibi concorda. "Claro, Christine. Não vou deixar que nada aconteça. Você é uma ótima amiga. Pode contar comigo."

Na manhã seguinte, Christine chega ao trabalho e encontra a recepção vazia. Na secretária eletrônica, uma mensagem desesperada de Bibi: seu namorado pegou seu carro sem avisá-la. Christine lamenta, mas não pode mais aceitar suas desculpas. Liga para Bibi e a informa da demissão.

O REBELDE

Cliff trabalha em uma rádio, como repórter especializado em boletins sobre o tempo e o tráfego. Nos últimos 10 anos, ele ganhou uma legião de ouvintes matinais que sintonizam a rádio para ouvir "O Repórter Rebelde". Como Cliff diz, "eu choco e divirto enquanto dou as notícias".

Na tentativa de aumentar sua audiência, a rádio contrata um novo produtor, Richard. Em sua primeira reunião com a equipe, ele anuncia sua estratégia para levar a estação do terceiro para o primeiro lugar na preferência dos ouvintes. Ele informa a todos que a porta do seu escritório está sempre aberta e que deseja saber a opinião de todos.

Mais tarde, Cliff vai até o escritório de Richard e dá sua visão sobre a empresa. "Estou muito feliz por você estar aqui conosco. Gostaria de falar sobre a sua meta de deixar nossa rádio em primeiro lugar. Mas acho que você precisa saber que temos um grande obstáculo à nossa frente." "É mesmo? Qual?", pergunta Richard. "Eu disse ao produtor que ocupava o seu cargo antes que, se não tivermos um equipamento melhor e melhores recursos, não temos a menor chance."

Richard reage mal ao comentário. Levanta, massageia o pescoço como se quisesse aliviar a tensão e reclama: "Com esse tipo de atitude, talvez você se sinta mais feliz trabalhando para a concorrência." Cliff tenta se retratar: "Não, não foi o que eu quis dizer..." Mas não dá tempo. Richard já está com a mão em suas costas, guiando-o até a porta. "Foi bom falar com você."

Cliff fica do lado de fora, sentindo-se preterido e confuso. Não é a primeira vez que sua sinceridade encontra resistência. "Eu só estava fazendo uma crítica construtiva. Não entendo por que as pessoas levam a mal as minhas idéias." Embora Cliff culpe a reação defensiva de Richard, ele gostaria de descobrir um modo de verbalizar sua opinião sem ser penalizado por isso.

COMO OS REBELDES SE LIBERTAM DA ARMADILHA

Se você deseja libertar-se do papel de Rebelde, deve estar disposto a moderar as suas críticas. Isso não significa que você precisa parar de expressar suas opiniões, e sim que deve experimentar novas abordagens de modo que as pessoas consigam ouvir o que você tem a dizer sem se sentirem ofendidas. Quem faz o tipo Rebelde muitas vezes se sente incompreendido porque, sempre que tenta expressar suas idéias, provoca uma forte reação defensiva nos outros. Procure maneiras de expressar suas opiniões contrárias com palavras menos chocantes e mais diplomacia. Você ficará surpreso com os resultados. Eis algumas dicas:

1. Treine controlar seus impulsos. Pense antes de falar. Escrever o que pensa pode ser outra boa idéia.
2. Peça para um amigo ser seu editor. Quando você escrever um memorando ou e-mail muito "forte", deixe que essa pessoa o leia antes de enviá-lo.
3. Nas situações em grupo (reuniões, conferências), antes de expressar uma opinião contrária, pergunte aos colegas se eles têm interesse em saber seu ponto de vista.
4. Quando os chefes tomarem decisões de que você discorda, faça a si mesmo as seguintes perguntas:
   - De quem é a empresa?
   - Quem paga o meu salário?
   - Será que essa decisão é mesmo absurda?
   - Será que esta é uma decisão com que eu posso conviver, mesmo sem concordar com ela?
5. Se estiver desconfiado de que suas palavras causaram desconforto em alguém, então provavelmente é verdade. Pense na possibilidade de se justificar: "Desculpe se me expressei de forma ofensiva."

Cliff analisa suas opções e escolhe a primeira: controlar seus impulsos. Por 30 dias, ele concorda em escrever seus pensamentos antes de expressá-los aos colegas. No começo, não consegue ver como o que ele diz poderia ser modificado. "Se não gostam do que eu tenho a dizer, problema deles", pensa. Mas, no fundo, ele gostaria de falar o que pensa sem causar mal-entendidos. Decide então incorporar a opção número 2: pedir que um amigo atue como seu editor.

Cliff busca o parecer da pessoa mais diplomática que ele conhece: sua irmã. Ela está feliz e ansiosa para ajudá-lo a melhorar sua capacidade de expressão. Cliff envia um e-mail para a irmã com seus comentários, ela os reescreve e reenvia. E Cliff faz o teste: apresenta a versão editada de suas opiniões. Em pouco tempo ele começa a perceber que as pessoas estão reagindo de modo diferente a seus comentários. Ou seja, é possível ser fiel a suas idéias e ser diplomático ao mesmo tempo.

Cliff continua com sua habilidade para "chocar e divertir" em seu noticiário sobre o tempo e o tráfego. Mas, fora do ar, concentra-se em dar idéias e sugestões que desafiam práticas ultrapassadas sem ofender seus colegas. Richard, o produtor, começa a levar em consideração as observações de Cliff para aumentar a audiência da rádio.

O MÁRTIR

Para este papel, voltemos ao exemplo de Josie, a assistente de produção que trabalha em uma estação de TV. Josie lê cada uma das perguntas referentes ao papel de Mártir e concorda, com um ar cansado. Sua carga de trabalho é maior que a de todo mundo. Ela está sempre "salvando o dia". Constantemente reclama com o marido sobre a falta de reconhecimento por parte da chefia. E, embora relute em admitir, ela de fato sente-se enciumada quando um de seus colegas é elogiado por um trabalho bem-feito. Josie dá um suspiro, demonstrando o quanto se sente frustrada por estar presa a esse papel. "Mas, como saio disso?", pergunta-se ela.

COMO OS MÁRTIRES SE LIBERTAM DA ARMADILHA

O primeiro passo para se libertar do papel de Mártir é estar disposto a trocar o sofrimento pela auto-estima. Essa mudança de orientação pode ser assustadora, porque muitos Mártires acreditam que só são valorizados se fizerem sacrifícios. A verdade é que, quanto mais cedo você conquistar sua independência, estabelecer limites no trabalho e buscar o que deseja, mais cedo receberá o respeito e a admiração que almeja. Eis algumas dicas:

1. Reduza sua carga de trabalho. Evite assumir novos projetos.
2. Delegue tarefas e agradeça pelo trabalho bem-feito.
3. Quando não estiver trabalhando, desligue todos os aparelhos que o mantêm virtualmente conectado ao escritório – pagers, celulares, e-mail e voice-mail. Você verá que a empresa consegue sobreviver sem você.
4. Em vez de sofrer em silêncio, aprenda a pedir. Se você acha que merece um aumento, fale com seu supervisor. Se quer ser promovido, documente seu desempenho e peça uma promoção.
5. Contabilize o número de horas que você trabalha e reduza em 15%. Exemplo: se você trabalha 70 horas por semana, reduza para 60 horas.

Josie decide começar pela opção 1: reduzir a carga de trabalho. Durante 30 dias, ela concorda em não assumir nenhum outro projeto. Se alguém lhe pede um favor, ela passa para a opção número 2: achar quem possa assumir a tarefa. Sempre que um projeto especial vai parar na sua mesa, convoca seus colegas para dividir o trabalho.

No começo, o esforço para dizer não e delegar deixa Josie muito ansiosa. "E se ninguém realmente precisar de mim aqui?", preocupa-se. Ela sabe que certos colegas vão estranhar quando ela estabelecer limites para a quantidade de trabalho que está disposta a fazer. Essas pessoas estão constantemente testando-a, pedindo que os "salve" de alguma maneira.

Curiosamente, a mudança de atitude a coloca na posição de líder, não na de Mártir sofredora. Sua nova (e melhor) fama entre os colegas a impulsiona em outros aspectos de seu comportamento no trabalho.

O HUMORISTA

Mitch é um empreiteiro de 32 anos. Caçula de uma família de origem irlandesa, ele tem o dom de ser engraçado, charmoso e divertido em quase todas as situações. Essas características o ajudam muito nas reuniões com clientes ou na conquista de novos contratos. Os problemas surgem quando ele precisa se impor ou exigir coisas dos outros.

Quando os mestres-de-obras se atrasam ou cometem erros no trabalho, ele não os confronta. Em vez disso, faz uma piada e espera que eles se comportem melhor da próxima vez. Mitch também tem dificuldade para falar de dinheiro, o que faz com que os clientes atrasem o pagamento por vários meses. Esse comportamento tem sido prejudicial para o negócio, pois ele perde dinheiro por causa do atraso nos pagamentos.

COMO OS HUMORISTAS SE LIBERTAM DA ARMADILHA

Para libertar-se do papel de Humorista, você precisa acreditar que tem valor, mesmo que não faça ninguém rir. O típico Humorista precisa equilibrar sua necessidade de divertir as pessoas com o esforço para ser respeitado. Isso não significa que você não deve usar seu bom humor para conquistar as pessoas, e sim que deve desenvolver simultaneamente a habilidade de falar, ouvir e fechar negócios importantes sem dar uma de palhaço. Se pretende ser levado a sério, precisa demonstrar que consegue ser austero e sóbrio sempre que for necessário. Eis algumas dicas:

1. Adote uma abordagem mais séria da própria carreira. Liste os projetos que deseja realizar e concentre-se neles em vez de alegrar seus colegas.
2. Nos momentos de tensão, mesmo que sinta vontade de fazer uma piada, tente manter-se quieto.
3. Se precisar dos favores de alguém, experimente fazer o pedido de maneira direta, sem fazer piadas ou pedir desculpas.
4. Estabeleça limites para as pessoas cujo comportamento você considera irritante.
5. Disponha-se a trocar a popularidade pelo respeito.

Mitch pensa nas opções e escolhe a número 3: pedir um favor diretamente, sem fazer piadas ou se desculpar. Começa por um de seus clientes, o Sr. Fallon, que sempre esquece de pagar no dia certo. A esta altura, Fallon está devendo mais de US$ 25 mil à empreiteira. Mitch precisa cobrar a fatura, mas tem medo de deixar o cliente chateado.

Durante dois dias, Mitch ensaia o que vai dizer. "Eu e minha equipe não podemos mais trabalhar sem pagamento. Se o senhor quiser que continuemos com a obra de reforma da sua casa, preciso receber o pagamento integral da última fatura."

Na manhã seguinte, Mitch encontra o Sr. Fallon. Aproxima-se, cumprimenta-o e sorri. Pela primeira vez, não faz alguma gracinha para aliviar a tensão. Em vez disso, fala o que vem ensaiando. Depois de desabafar, prepara-se para a reação negativa do Sr. Fallon. Para sua surpresa, ela não acontece. "Obrigado por me lembrar, Mitch. Você costuma ser tão à vontade com essa coisa do pagamento que muitas vezes acabo me esquecendo. Daqui para a frente, me avise antes do vencimento."

Nas quatro semanas seguintes, Mitch aplica a opção 3 em suas conversas com operários, arquitetos e clientes. Continua a ser encantador e amável com todos, mas, quando precisa falar de um assunto delicado – como dinheiro, contratos, produtividade ou prazos – faz o possível para dizer de maneira simples e direta o que quer. Para sua surpresa, a maioria de seus relacionamentos profissionais melhorou bastante. As pessoas parecem apreciar sua clareza e objetividade.

O PACIFICADOR

Cindy trabalha como gerente de uma grande drogaria. É responsável por uma equipe de oito funcionários. Dois deles, Anthony e Rita, estão constantemente brigando por bobagens. Discutem sobre o preço correto de um produto, sobre como catalogar a mercadoria enquanto estão verificando o estoque e até mesmo sobre de quem é a vez de tirar folga. Tudo isso enquanto os clientes ficam esperando.

No começo, Cindy tenta interferir: "Ora, pessoal. Vocês sabem que isso não é muito produtivo. Vamos voltar ao trabalho." Em geral, eles dão uma pequena trégua, mas logo estão discutindo novamente.

Um dia, o dono da drogaria aparece de surpresa, no horário de almoço de Cindy, e encontra Anthony e Rita discutindo sobre como operar a máquina de cartão de crédito enquanto três clientes frustrados estão esperando na fila. Fica furioso com a falta de profissionalismo dos dois e repreende Cindy. "Se você não consegue controlar os colaboradores, não está qualificada para gerenciar esta loja." Cindy tem duas semanas para melhorar a situação; do contrário, os três serão despedidos.

COMO OS PACIFICADORES SE LIBERTAM DA ARMADILHA

Libertar-se do papel de Pacificador exige dois ajustes fundamentais: (1) disposição para agüentar que as pessoas não gostem de você; (2) capacidade de tolerar situações emocionalmente desconfortáveis. Os Pacificadores pensam que brigas ou interações muito tensas produzem somente resultados negativos. Por isso, temem e evitam tudo o que possa gerar raiva em outras pessoas.

Infelizmente, muitas situações no trabalho exigem enfrentamentos de um jeito ou de outro. Por exemplo, colaboradores indisciplinados devem ser enquadrados e advertidos. O Pacificador sentirá uma grande sensação de liberdade se acreditar que uma situação desconfortável, porém breve, muitas vezes pode produzir uma mudança positiva a longo prazo. Eis algumas dicas:

1. Para reduzir o medo de desagradar os outros, pratique dizer não mesmo que seja para você mesmo.

2. Quando os conflitos surgirem, não se ofereça para arbitrar a questão. Deixe que as pessoas envolvidas resolvam suas diferenças sem que você precise dar uma de mediador.
3. Encontre uma maneira de expressar suas opiniões de maneira clara, com o mínimo de hesitação. Evite expressões como "meio", "um pouco", "talvez", "quem sabe", "seria legal se...", pois elas diluem a mensagem e enfraquecem o que você tem a dizer.
4. Se alguém no trabalho estiver com raiva, experimente deixá-lo sozinho em vez de tentar resolver a situação.
5. Se estiver num cargo de gerência ou supervisão, seja sincero e diga o que espera das pessoas, mesmo que ache que ficarão magoadas.

Cindy sabe que, se quiser manter o emprego, deve adotar a opção 5: dizer claramente o que espera dos outros. Como toda Pacificadora, tem medo de que Anthony e Rita jamais a perdoem se confrontá-los. Ainda assim, prefere a possibilidade de gerar um clima ruim entre eles à certeza de perder o emprego.

Quando os dois brigam novamente, Cindy chama Rita e Anthony até seu escritório e avisa: "Vocês dois precisam parar de brigar. Do contrário, podem procurar outro emprego." Embora fique tentada a suavizar o discurso, resiste ao impulso e os adverte: "Da próxima vez que eu pegar vocês brigando, um dos dois irá para casa. O outro terá que trabalhar em dobro."

Rita e Anthony ficam atônitos. Durante três dias, se comportam de modo impecável. Mas logo recomeçam a implicar um com o outro. Desta vez, Cindy não hesita: "Anthony, por favor, pode ir para casa. Suas horas não trabalhadas serão descontadas de seu salário. Rita, agora você precisa trabalhar o dobro para atender os clientes."

Desde esse incidente, Anthony e Rita pararam de brigar em público. Às vezes, Cindy ainda os ouve começando um bate-boca.

Mas, então, ela diz discretamente: "Vocês conhecem a regra..." Pelo visto, os dois entenderam o recado e acabaram conseguindo trabalhar lado a lado sem entrar em conflito.

O INVISÍVEL

Há 15 anos Benjamin trabalha como botânico em uma grande organização de conservação urbana. Ele monitora e cuida das plantas raras do jardim botânico da empresa. Um programa de plantio de espécies hidropônicas está para ser lançado e Benjamin está muito interessado pelo assunto. Ele adoraria chefiar essa nova divisão.

Durante três meses, ele coloca artigos sobre "hidroponia e o cultivo em meio aquoso provido de nutrientes inorgânicos" sob a porta do diretor. E sempre adiciona um bilhete: "Achei que poderá ser interessante para nós." Benjamin supõe que esses artigos demonstrem seu interesse pelo programa.

Certo dia Benjamin chega ao trabalho e descobre que sua prepotente colega Trista foi nomeada diretora da divisão de hidroponia. Fica chocado e desapontado. "Não acredito!", diz para si mesmo. "Pensei que meu chefe soubesse que eu queria ser o diretor desse programa." De repente, o seu jeito discreto de lidar com as coisas passa a deixá-lo muito ansioso.

COMO OS INVISÍVEIS SE LIBERTAM DA ARMADILHA

Para libertar-se da armadilha da invisibilidade, você precisa desejar ser visto. Colaboradores Invisíveis se sentem seguros quando não são o centro das atenções. Eles temem se sobressair porque têm medo de ser criticados. A pessoa que se sente confortável na invisibilidade precisa entender que opiniões, observações e metas pessoais *são* coisas importantes e valiosas. Pode até não ter os seus esforços reconhecidos, mas terá se tornado visível para os outros. Abaixo, algumas dicas:

1. Participe de reuniões e conferências; envolva-se com as coisas que gosta de fazer.
2. Comece a expor suas idéias e opiniões para os colegas e gerentes. E, quando falar alguma coisa, certifique-se de que todos o estão ouvindo de fato.
3. Pratique a arte de falar em público. Nas reuniões, dê sua opinião pelo menos uma vez.
4. Relate as suas realizações. Envie um e-mail ou um memorando, documente os seus sucessos de alguma maneira.
5. Se quiser um aumento ou promoção, não espere que aconteça de forma espontânea. Seja ousado e peça.

Benjamin discute sua situação com um amigo e pede sugestões sobre como resolver seu problema. O amigo recomenda uma versão da opção 5. Se quer mesmo trabalhar no programa de hidroponia, é preciso pedir o trabalho.

Benjamin decide que, embora não possa mudar o que já foi decidido, ainda pode deixar claro que deseja envolver-se nessa iniciativa. Passa a semana seguinte preparando-se para uma reunião com o diretor. Escreve um documento onde lista suas realizações e descreve a pesquisa que já fez sobre cultura hidropônica, incluindo sugestões até sobre como obter mais investimentos para a área.

Benjamin entrega seu relatório para o diretor, que fica visivelmente impressionado. "Eu sei que você nomeou a Trista para chefiar essa nova divisão, mas gostaria que você me considerasse para algum cargo quando o departamento crescer", explica ele. "Nesse meio-tempo, gostaria de participar da maneira que for possível." O diretor sorri e responde: "Gostaria que você tivesse vindo falar comigo há um mês. Por que você e eu não temos uma reunião trimestral para discutir uma possível promoção? Enquanto isso, você pode ficar no comitê de planejamento do nosso programa de hidroponia."

Durante o mês seguinte, Benjamin pratica a opção número 1: ele vai a todas as reuniões do comitê de planejamento de hidroponia e se esforça para transmitir as suas idéias e comunicar sua experiência de maneira proveitosa. Entre uma reunião e outra, abastece os membros do comitê com uma farta distribuição de informações sobre novos avanços na área.

Como os casos descritos aqui ilustram, libertar-se de um personagem no mundo do trabalho não acontece do dia para a noite. Os colegas inicialmente tentarão trazê-lo de volta ao seu velho "eu". Não deixe que isso o desanime. Mude pelo menos um aspecto do seu comportamento durante 30 dias e você colherá os benefícios de se libertar do papel que o aprisionou.

TUDO SOBRE COMO IDENTIFICAR O SEU PAPEL E APRENDER O QUE PRECISA FAZER PARA MUDAR E MELHORAR SEU DESEMPENHO

O HERÓI – o super-herói que tem medo de decepcionar as pessoas.

Atividades para libertar-se da armadilha:

1. Não assuma responsabilidades que não se encaixam na sua descrição de trabalho.
2. Não estique o expediente noite adentro.
3. Tire férias e não trabalhe nos feriados.
4. Não leve trabalho para casa.
5. Não assuma trabalho que possa comprometer os itens 1 e 4.

O GUARDIÃO – o conselheiro que sabe tudo sobre a vida pessoal dos colegas de trabalho.

Atividades para libertar-se da armadilha:

1. Converse o mínimo com os colegas sobre suas vidas pessoais.
2. Não deixe que os colegas façam confidências sobre suas vidas particulares para você.
3. Pare de inventar desculpas para os outros por causa de seus problemas pessoais.
4. Verifique a descrição do seu cargo; evite agir como um terapeuta grátis.
5. Em vez de assumir os problemas dos outros, comece a medir o desempenho deles.

O REBELDE – o não-conformista, dono de opiniões fortes e quase sempre polêmicas.

Atividades para libertar-se da armadilha:

1. Controle seus impulsos; pense antes de falar.
2. Quando escrever alguma mensagem, peça a alguém para fazer uma leitura crítica antes de enviar.
3. Antes de expressar uma opinião contrária, pergunte se os outros estão interessados em ouvi-la.
4. Quando os supervisores tomarem uma decisão que você não aprecia, pense por 24 horas no assunto antes de falar.
5. Quando achar que ofendeu alguém, peça desculpas.

O MÁRTIR – o sofredor profissional, que acredita que só será valorizado se fizer sacrifícios.

Atividades para libertar-se da armadilha:

1. Reduza a carga de trabalho. Não assuma projetos adicionais nem faça favores.

2. Delegue tarefas e dê crédito a quem fizer um bom trabalho.
3. Quando estiver em casa, desligue pager, celular, laptop, etc. O escritório conseguirá sobreviver sem você.
4. Não sofra em silêncio. Se deseja alguma coisa, peça.
5. Limite as suas horas de trabalho.

O HUMORISTA – usa sempre o bom humor para conquistar as pessoas.

Atividades para libertar-se da armadilha:

1. Estabeleça metas para sua carreira e concentre-se nos resultados.
2. Evite contar uma piada nos momentos de tensão.
3. Se quiser alguma coisa, seja objetivo e não peça desculpas ou faça piadas.
4. Estabeleça limites para as pessoas que o desapontam (veja o Capítulo 2, "A arte de estabelecer limites")
5. Troque a popularidade pelo respeito.

O PACIFICADOR – o diplomata, sempre tentando evitar confrontos.

Atividades para libertar-se da armadilha:

1. Pratique dizer NÃO.
2. Diga o que você deseja, mesmo se os outros não gostarem de você por causa disso.
3. Quando surgirem conflitos que não lhe dizem respeito, evite fazer o papel de mediador.
4. Expresse seu ponto de vista claramente, sem vacilar.
5. Quando um colega estiver chateado no trabalho, tente não interferir.

O INVISÍVEL – seguro apenas quando não chama atenção sobre si mesmo.

Atividades para libertar-se da armadilha:

1. Fique visível: participe de reuniões, conferências, etc.
2. Exponha suas idéias e opiniões aos colegas.
3. Nas reuniões, fale pelo menos uma vez.
4. Deixe que colegas e supervisores saibam de suas realizações.
5. Se quiser um aumento ou promoção, peça.

4

Não te conheço de algum lugar? As relações tipo Atração Fatal no trabalho

Você agora está entrando em uma zona avançada, na qual são usadas novas técnicas de libertação dos personagens que assumimos no ambiente de trabalho. A diferença é que, neste capítulo, vamos apresentar relacionamentos mais complexos – aqueles em que as interações positivas acabam se tornando relações amargas, emocionalmente perturbadoras e profissionalmente frustrantes. Pois é a esse tipo de relacionamento que nos referimos: o tipo Atração Fatal.

Caso você perceba ser refém de uma relação desse tipo, sugerimos que tente identificar em qual estágio você se encontra. São cinco os tipos mais comuns de relacionamentos tipo Atração Fatal, e sete os estágios. Mostraremos ainda um outro método de libertação dessas relações tão difíceis.

Saiba que sua capacidade de se libertar das amarras de uma relação tipo Atração Fatal requer treino, concentração e determinação. É preciso ter paciência e perseverança para desenvolver uma nova musculatura interpessoal. Recomendamos inclusive que você estude este capítulo quantas vezes forem necessárias para melhor absorver e utilizar as informações.

OS CINCO TIPOS MAIS COMUNS DE RELAÇÕES TIPO ATRAÇÃO FATAL

- **O Explosivo** – Começa dinâmico e se transforma em dinamite.
- **O Abismo Profundo** – Começa gentil e termina carente.
- **O Sabotador** – Começa adulando e termina sabotando.
- **O Destruidor de Pedestais** – Começa bajulando e termina apontando defeitos.
- **O Ressentido** – Começa demonstrando apreço, mas termina criando caso.

Mark tem 40 anos. Ele é gerente-geral de uma empresa farmacêutica. Um dia ele acorda sentindo-se enjoado, mas se arrasta para fora da cama e se arruma para ir ao trabalho. Por motivos que não consegue explicar, ele odeia trabalhar. "Eu deveria estar feliz, pois acabo de ser promovido. Em vez disso, sinto náuseas."

Uma vez no escritório, Mark inicia sua rotina habitual: conversa com sua equipe, retorna as ligações e responde a seus e-mails. Aos poucos, começa a se sentir melhor. "Bem... pode ser que hoje, afinal, seja um bom dia", pensa. Nesse momento, seu chefe, o Sr. Russ, o chama para uma reunião.

Essas "reuniões de emergência" são, em geral, sessões de bronca em que o chefe reclama com Mark por ele não ter sido capaz de detectar o erro de um dos colaboradores. Há ocasiões, no entanto, em que o Sr. Russ simplesmente tem ataques de raiva por causa de algum artigo que saiu na imprensa com críticas negativas a um produto da empresa.

Hoje, o problema é uma reportagem que duvida da eficácia do novo antidepressivo lançado pela companhia. "COMO É QUE ELES IMPRIMIRAM ESSA PORCARIA?", grita Russ. "O SUJEITO QUE ESCREVEU ESSE MONTE DE

MENTIRAS DEVERIA LEVAR UM TIRO. ELE ESTÁ TENTANDO DESTRUIR A NOSSA EMPRESA. DA PRÓXIMA VEZ QUE EU O VIR NUMA ENTREVISTA COLETIVA, EU PESSOALMENTE VOU ACABAR COM ELE...”

Mark fica sentado, quieto, prendendo a respiração. Ele aprendeu que é melhor não interromper o Sr. Russ quando ele grita. Depois de cinco minutos de lengalenga, Mark está dispensado. De volta à sua mesa, ele sente seu estômago revirando. Ele toma dois antiácidos e tenta concentrar-se novamente no trabalho.

Para Mark, o Sr. Russ é uma Atração Fatal. O que começou como uma empolgante oportunidade de trabalhar para um líder dinâmico acabou se revelando uma série de confrontos exaustivos. No começo, Mark gostava do Sr. Russ – suas opiniões, sua personalidade forte e seu temperamento “esquentado” eram interessantes, inspiradores. Hoje em dia, suas explosões deixam Mark fisicamente doente e esgotado emocionalmente. “Ele sempre está zangado com alguma coisa”, reclama. “Não importa o quanto eu tente, nunca está bom para ele.”

Você já passou por alguma situação parecida? Algum relacionamento – um chefe carismático, um colega ou um cliente favorito – que parecia promissor, mas que foi ficando cada vez mais difícil com o tempo? As relações tipo Atração Fatal são enganosas porque parecem estimulantes no começo. Você se anima com a perspectiva de se relacionar com a outra pessoa, algo na personalidade dela o atrai – sua inteligência, carisma, talento, autoconfiança, poder, entusiasmo, beleza, educação, juventude ou status social –, embora, às vezes, se deixe cativar pela admiração e respeito que ela nutre por você.

Independentemente do motivo inicial, você embarca nesse relacionamento em um estado de euforia. Infelizmente, esse entusiasmo inevitavelmente acaba em desgosto. O que começa como uma conexão prazerosa entre duas pessoas acaba virando uma armadilha desagradável. As qualidades que o atraíram desaparecem e as características negativas começam a se destacar – é aquela situação em que você flagra um colega contando uma mentira sobre você ou descobre que o chefe que você considerava carismático é, na verdade, uma pessoa temperamental e agressiva.

O mais frustrante das relações tipo Atração Fatal é que elas vão se deteriorando devido a influências que estão fora do seu controle. Não se trata de algo que você fala ou faz, mas de o outro mudar as regras. De repente, você percebe que está lidando com uma pessoa diferente daquela que conheceu e achava interessante. Só lhe resta a tarefa de tentar recuperar o clima positivo do início.

IDENTIFICANDO AS RELAÇÕES TIPO ATRAÇÃO FATAL

Todos nós temos a nossa dose de relacionamentos tóxicos. É importante compreender que o que é desagradável para você pode não ser para seu colega de sala. Leia com atenção os 5 tipos mais comuns de relacionamentos tipo Atração Fatal e reflita se já não viveu algo parecido antes.

O EXPLOSIVO

Um tipo atraente para quem busca a aprovação de pessoas que ocupam cargos de chefia. O Explosivo costuma ser carismático e fascinante desde o início. Ele emite uma aura de decisão, determinação e autoconfiança. O Explosivo atrai as pessoas para juntarem-se à sua equipe – e fatura a onda de sucesso.

No começo, tudo é excitante, empolgante... até que o Explosivo encontra um obstáculo. Alguém comete um erro ou surge um problema e... cabum! Num instante, o Explosivo mostra o seu lado barulhento, duro, acusador e irracional – capaz de fazer as pessoas chorarem com algumas poucas frases agressivas. Durante esses surtos, ele faz ameaças, diz que vai demitir ou processar, e costuma fazer perguntas retóricas: "O que eu tinha na cabeça quando contratei você?", "Como você conseguiu terminar sua faculdade?", "Por que eu sempre tenho gente incompetente trabalhando comigo?"

Depois da explosão, tudo volta ao normal até o próximo incidente. Essa instabilidade faz com que você se transforme em uma pessoa tensa e ansiosa. Por temer novos ataques, você está sempre buscando maneiras de "desativar" o Explosivo. Em vez de fazer o seu trabalho, fica tentando administrar o comportamento imprevisível da outra pessoa.

Não caia na armadilha de pensar que, se evitar que as coisas ruins aconteçam, as explosões cessarão. Não é verdade. Toda vez que o Sr. Russ se descontrola, Mark acha que fracassou. Nada disso. Você se sente atraído pelas promessas de sucesso que o Explosivo faz, mas aos poucos vai ficando debilitado por causa de seus ataques pessoais.

O ABISMO PROFUNDO

Essa é uma relação que funciona como um ímã para quem tem o estilo Guardião. Um relacionamento do tipo Abismo Profundo precisa de duas espécies de pessoas:

1. O Abismo: uma pessoa aparentemente gentil, mas cheia de problemas.
2. Você: uma pessoa que se sente compelida a ajudar quem está em dificuldade.

No começo do relacionamento, a pessoa tipo Abismo Profundo revela sua dificuldade. Pode ser um problema sério de saúde, problemas financeiros, parentes desagradáveis, um senhorio negligente ou um relacionamento amoroso difícil. É assim que ela conquista sua compreensão e desfruta seu apoio emocional.

Em troca, o Abismo Profundo elogia sua sabedoria e compaixão. Ele então intensifica seus desabafos, revelando cada vez mais dificuldades pessoais: doenças súbitas, vazamento no banheiro de casa, pensão alimentícia atrasada, vizinhos insuportáveis, etc.

Cada desabafo vem acompanhado de um pedido, uma desculpa e um sorriso. E você cada vez mais dedicando seu tempo, energia e espaço físico. Embora demonstre interesse em ouvir seus conselhos, o Abismo Profundo raramente os segue. Inevitavelmente você começa a se sentir como um depósito de emoções alheias.

À medida que a necessidade de atenção do Abismo Profundo aumenta, os limites entre o mundo profissional e pessoal começam a desaparecer. Você pode começar a receber telefonemas em casa, nos fins de semana ou à noite, além de pedidos de empréstimo ou aconselhamento sobre questões legais. Sensibilizado com os inúmeros problemas dessa pessoa, muitas vezes você cai na armadilha e acaba convidando o Abismo para jantar ou para vir às reuniões de família.

Agora experimente negar algum dos pedidos do Abismo Profundo; ele fica furioso. De repente, a doce e indefesa vítima passa a exibir um lado raivoso e petulante que você jamais pensou que existisse. "Egoísta", "negligente", "insensível" e "cruel" é o mínimo que você vai ouvir.

É nesse momento que você percebe a armadilha. Com medo de acabar como o vilão da história, você se vê pressionado a continuar ajudando essa pessoa. Ao mesmo tempo, sente-se esgotado por ter de carregar a bagagem emocional do outro.

Vejamos o exemplo de Claire, técnica de enfermagem de um hospital famoso. Ela passa horas ouvindo sua colega

Dora contar seus problemas pessoais. No começo, ela se sentiu lisonjeada com os pedidos de aconselhamento da colega. "Talvez eu possa ajudar", pensa Claire. "Ela parece ser uma pessoa tão legal... e eu estudei psicologia na faculdade." Mas, seis meses depois, Claire está esgotada e irritada. Ela tentou ajudar, deu conselhos sobre como salvar seu casamento e como melhorar sua baixa auto-estima. "Ela vive me contando sobre sua vida, falando de uma crise após a outra, e sempre implora que eu a aconselhe, mas nunca segue minhas sugestões. Se estou muito ocupada e não posso ouvi-la, ela vai embora fazendo cara feia." Sem saber, Claire tem dois empregos: recolher sangue dos pacientes e aconselhar sua colega sempre infeliz.

O SABOTADOR

Esse tipo seduz apenas aqueles que necessitam ser admirados e respeitados pelos outros. O Sabotador entra no relacionamento como seu grande admirador – só tem elogios para tudo o que você faz. Você sente que, finalmente, alguém reconhece o seu valor.

No começo, ele parece entender e respeitar suas realizações. As interações iniciais caracterizam-se pela exaltação de suas qualidades e tentativas sinceras de imitar o seu comportamento. À medida que o tempo passa, no entanto, você começa a flagrar o Sabotador em atos que o prejudicam profissionalmente ou que o fazem parecer mesquinho ou injusto. Ele "esquece" de informá-lo sobre uma reunião importantíssima. Uma conta lucrativa "acidentalmente" passa a ser de outra pessoa. De repente, você percebe que está se sentindo e agindo de forma defensiva.

As traições do Sabotador são sutis, mas consistentes. Quando você o confronta, a resposta é sempre a mesma: ele nega veementemente que tivesse más intenções. Mesmo assim, cada incidente que revela a conduta secreta desse falso amigo enfraquece a sua sensação de segurança e confiança nele. Embora o Sabotador ainda o cubra de elogios, você começa a sentir-se inseguro.

Foi isso que aconteceu com Ellen, chefe de inspeção de alimentos do Ministério da Saúde. Ela ficou muito aliviada quando Don foi contratado para ajudá-la nas inspeções aos restaurantes. Devido a cortes no orçamento, durante meses ela teve uma equipe pequena. Logo nas primeiras visitas que fez com Don, Ellen percebeu que seu novo colega era dinâmico e ambicioso. Ele havia estudado as exigências de como estocar, preparar e servir os alimentos. E sempre elogiava Ellen por seu profissionalismo. Com sua personalidade afável e detalhista, Don parecia a solução perfeita para os problemas de Ellen.

Dois meses depois, no entanto, Ellen ouviu uma conversa de Don com a supervisora de ambos, a Sra. Sutherland. "Acho melhor dar o benefício da dúvida", confidenciou, "mas, honestamente, eu já a vi cometer muitos erros." Ellen não conseguia acreditar no que ouvia. Quando confrontou Don, seu novo colega falou que ela ouvira mal o que ele dissera. "Eu estava defendendo você. A Sra. Sutherland queria saber por que estamos tão atrasados com nossas inspeções. Ela valoriza sua experiência."

Ellen queria acreditar em Don. Afinal, ele constantemente expressava admiração e respeito por seu trabalho. Nas semanas seguintes, no entanto, ela percebe que Don passa cada vez mais tempo na companhia da Sra. Sutherland. Coincidentemente, a Sra. Sutherland tem cada vez mais críticas ao desempenho de Ellen.

O DESTRUIDOR DE PEDESTAIS

Esse tipo é atraente apenas para quem se sente inseguro, mas ainda assim quer ter sua capacidade reconhecida. A coisa funciona assim: durante um breve período de tempo, o Destruidor de Pedestais elogia o seu talento e sua perspicácia e destaca o seu potencial entre toda a equipe – enfim, o coloca no pedestal. Você se sente lisonjeado, fica empolgado por ter, finalmente, seu talento reconhecido por alguém.

Uma vez agraciado com as qualidades de um super-herói, espera-se que você utilize tais dons excepcionais para fazer algo extraordinário. Pode ser um aumento no faturamento, a reorganização de um setor cronicamente deficiente ou a renovação da imagem antiquada da corporação. Por um tempo, você é invencível. À medida que o tempo passa, no entanto, o Destruidor de Pedestais procura descobrir suas "imperfeições". É quando você é derrubado violentamente do pedestal e não consegue mais subir nele.

Agora, em vez de um "salvador da pátria", você é uma triste decepção. O Destruidor de Pedestais consegue achar inúmeros erros e defeitos no seu trabalho, na sua atitude, na sua aparência e no seu jeito de pensar. Você acaba caindo na armadilha, pois está confuso e chateado por perder a popularidade e tenta desesperadamente voltar ao comportamento que o colocou no pedestal.

Vejamos, por exemplo, Greg, um designer de embalagens recentemente contratado por um grande fabricante de brinquedos. Ele se surpreende ao perceber que trabalha para uma pessoa muito crítica, pois, na entrevista de emprego, Lynnette, sua futura chefe, disse que seu portfólio era "fantástico" – o melhor que já vira. Os elogios o deixaram em estado de graça – finalmente tinha encontrado alguém capaz de apreciar sua visão sobre o design.

Seis semanas depois, contudo, Lynnette começa a rechaçar todas as idéias apresentadas por Greg. "Eu achava que você entendia os nossos produtos, mas esses conceitos vão nos deixar com uma imagem medíocre, na melhor das hipóteses. Onde está aquele trabalho inovador que eu queria?" Quando Greg pede uma crítica mais concreta, Lynnette descarta a sugestão dizendo: "Você é pago para descobrir sozinho essas coisas."

"Eu não entendo", lamenta Greg. "Sou o mesmo sujeito que ela considerava muito talentoso durante a entrevista." Sempre que tenta agradar, recebe mais críticas: "Onde está o dinamismo, a inovação? As cores são sem graça e as imagens também. Uma criança pode criar embalagens mais interessantes que essas!"

Depois de cinco meses, Greg está chateado e infeliz. "Aceitei o emprego pensando que minha chefe apreciava meu design inovador. Agora me concentro apenas em evitar as críticas negativas dela." Greg está preso na armadilha. Desmoralizado pelas críticas constantes de Lynnette ao seu trabalho, ele está perdendo a autoconfiança em suas habilidades.

O RESSENTIDO

Esse tipo só atrai as pessoas que possuem senso de justiça. Em geral, o Ressentido é inteligente e capaz, mas sente que a vida o enganou de alguma maneira. Pode ter sido o fato de ele não ter sido promovido no trabalho, de não ter tido uma educação formal, de ser alvo de preconceito ou de ter passado por dificuldades econômicas.

O que quer que tenha acontecido permanece eternamente em destaque na mente do Ressentido. No começo, você se esforça para que ele tenha a chance de ser bem-sucedido. Sabendo de suas desilusões anteriores, você oferece várias oportunidades profissionais, na tentativa de tentar ganhar sua confiança e aprovação. Com o tempo, entretanto, descobre que, independentemente de sua generosidade, você sempre será visto como o "outro". Para o Ressentido, você teve tudo muito fácil – quer isso seja verdade ou não – e tem responsabilidade por seus fracassos anteriores.

Em geral, o Ressentido é gentil durante a fase inicial do relacionamento e só depois parte para o ataque. Essa mudança de comportamento, de gentil para hostil, deixa qualquer pessoa confusa e desequilibrada. É nesse momento que você cai na armadilha dos desejos conflitantes – por um lado, quer dar o devido "desconto" a essa pessoa talentosa; por outro, não gosta de sua atitude defensiva e seu comportamento imprevisível.

Foi o que aconteceu com Peter, dono de um posto de gasolina, que se sente aprisionado na armadilha do ressentimento de seu funcionário Ray. Peter contratou Ray porque ele era uma pessoa agradável, sabia tudo sobre carros e estava sempre disposto a trabalhar. Ex-chefe de oficina de uma revendedora de carros, Ray disse que havia sido demitido por causa da falsa acusação feita por um colega de que ele bebia no trabalho. Depois desse incidente infeliz, nenhuma oficina mecânica local o contratou.

A história de Ray comoveu Peter, que decidiu dar-lhe um emprego como frentista do posto e concordou em pagar por fora caso ele fizesse consertos nos carros dos clientes. "Eu queria lhe dar uma segunda chance", explica Peter. "Além disso, precisava de alguém com a sua experiência."

No começo, Ray ficou muito grato. Demonstrava isso atendendo os clientes da melhor maneira possível. Com muita boa vontade, enchia os tanques, lavava os pára-brisas, trocava os filtros de óleo e fazia vários pequenos reparos.

Depois de um mês de comportamento impecável, o desempenho de Ray começou a cair. Primeiro, passou a chegar atrasado. E sempre dava alguma desculpa esfarrapada. Às vezes sequer avisava que não ia trabalhar. Além disso, disse a Peter que ser frentista era um insulto para alguém com suas qualificações profissionais. E que se sentia humilhado sempre que algum cliente pedia que limpasse o pára-brisa ou verificasse o óleo. Quando Peter o pressionava para que melhorasse seu comportamento, Ray dizia para ele dar um tempo.

Agora, Peter vai trabalhar ansioso e irritado. "Nunca sei se Ray vai aparecer de bom humor." Ao mesmo tempo, não quer despedi-lo porque perderia um excelente mecânico. "Quando surge algum carro com defeito, ele é genial", admite Peter. "Mas lidar com seu comportamento imprevisível está me deixando com dor no estômago."

Agora que lhe apresentamos as cinco maneiras mais comuns de relacionamentos tipo Atração Fatal, responda às seguintes questões:

- Você já foi atingido por um ataque disparado por um chefe Explosivo?
- Você já caiu acidentalmente nas garras de uma pessoa tipo Abismo Profundo?
- Você já foi vítima dos golpes invisíveis de um Sabotador profissional?
- Você sabe qual é a sensação de ser colocado num pedestal para logo em seguida ser derrubado de lá?
- Você já dependeu de alguma pessoa do tipo Ressentida?

Se sua resposta foi afirmativa para alguma das questões acima, você conhece, por experiência própria, o desespero e a confusão inerentes a uma relação tipo Atração Fatal.

OS SETE ESTÁGIOS DA ATRAÇÃO FATAL NO TRABALHO

Quer seu relacionamento tipo Atração Fatal se encaixe em algum dos cinco tipos ou não, a experiência de vivenciar uma relação tão conturbada é a mesma. Cativante no começo, ela acaba produzindo uma grande frustração – além de consumir a sua energia e ocupar muito espaço em sua mente. A pessoa que encarna algum tipo de Atração Fatal constantemente faz e diz coisas que acabam minando o equilíbrio emocional do outro. Em vez de se concentrar no seu crescimento profissional ou criativo, você perde tempo se preocupando com o comportamento alheio.

Veja, abaixo, a descrição de cada um dos sete estágios de uma Atração Fatal.

1. **Magnetismo.** Também conhecido como o período de lua-de-mel, o magnetismo é o estágio inicial e divertido de uma relação tipo Atração Fatal – quando ambas as partes agem de maneira atenciosa e nada parece impossível. O fascínio pode durar até seis meses. Durante esse período, você e a outra pessoa sentem-se atraídos um pelo outro. Algo no relacionamento parece familiar e ao mesmo tempo excitante. Vocês passam bastante tempo juntos e têm grandes esperanças quanto ao que podem realizar e como o relacionamento pode florescer.
2. **Esgotamento.** Nesse estágio, o relacionamento dá uma guinada. A pessoa começa a exibir o outro lado de sua personalidade e você passa a testemunhar comportamentos perturbadores: temperamento explosivo, críticas destrutivas, comentários maliciosos, carência excessiva, etc. Você começa a questionar sua percepção sobre quem a pessoa é realmente. O relacionamento agora ocupa os seus pensamentos, seus sonhos e suas conversas fora do ambiente de trabalho.
3. **Ensaio e recuperação.** Numa tentativa de controlar o ambiente ao seu redor, e também as trocas interpessoais, você gasta muito tempo se preparando e se recuperando das situações que acontecem. Nesse terceiro estágio, você usa os

amigos, os colegas e as pessoas mais próximas como ouvintes. Muitas vezes, chega a reproduzir um diálogo que aconteceu entre você e a pessoa tipo Atração Fatal, só para conferir se entendeu corretamente os fatos: "Será que estou louco ou entendi direito o que aconteceu?" ou "O que eu fiz para provocar esse tipo de reação?" E gasta horas ensaiando, mentalmente, conversas reais e imaginárias.

4. **Obsessão com a conversão.** Nesse quarto estágio, você só pensa em fazer com que a outra pessoa mude. Exausto pela pressão emocional que esse relacionamento provoca, você insiste que o outro se transforme em uma pessoa compreensiva e respeitosa. Você quer que ele enxergue a realidade, então passa horas imaginando como influenciar o seu comportamento. Em suas fantasias, você cogita rebelar-se, convocar alguém para mediar a situação ou mandar a outra pessoa consultar um analista.
5. **Azia pós-interativa.** O quinto estágio é a fase da indigestão emocional. As conversas, telefonemas, e-mails e reuniões o deixam nervoso, tenso, esgotado, com raiva, deprimido, desanimado ou desequilibrado de alguma maneira. Como o comportamento da outra pessoa é exaustivo, você começa a demonstrar sinais de fadiga emocional.
6. **Reação alérgica.** No sexto estágio, você passa a desenvolver reações físicas. Até a voz da pessoa tipo Atração Fatal faz com que seu corpo reaja involuntariamente. Dores de cabeça, tiques nervosos, respiração ofegante, náuseas, tensão nos ombros, dores no pescoço, espasmos nas costas, formigamento nos braços, boca seca e ondas de calor são os sintomas mais comuns. Seu corpo exprime o desconforto de diversas maneiras.
7. **Prisão.** No sétimo e último estágio, você se sente como um prisioneiro de guerra. Parte de você está resignada com o tratamento negativo que recebe e não consegue imaginar

uma realidade diferente. Quando você fala sobre o relacionamento, fica ressentido, amargo e sem esperanças de que o outro apresente alguma melhoria. É como estar preso a uma situação em que as chances de vitória são nulas.

> **CÍRCULO VICIOSO**
>
> Embora esses estágios estejam listados em uma determinada ordem, pode ser que eles se apresentem para você em uma seqüência diferente. Outra possibilidade é que você vivencie alguns dos estágios (ou todos) mais de uma vez.

Libertar-se das relações tipo Atração Fatal no trabalho exige **técnicas avançadas**, que pressupõem um alto nível de autopercepção e autocontrole. Você consegue desenvolver essas habilidades? Acreditamos que sim, desde que esteja disposto a se esforçar para crescer profissionalmente. Veja, a seguir, como essas técnicas funcionam.

PASSO 1: DETECTAR O PROBLEMA

O primeiro passo para lidar com uma relação tipo Atração Fatal é o diagnóstico. Quanto mais cedo você identificar uma ligação problemática, mais rapidamente conseguirá resolvê-la. Nós vimos quais são os cinco tipos de Atração Fatal e os sete estágios de um relacionamento desse tipo. Você se identificou com alguma descrição? Em caso afirmativo, há uma grande chance de que você esteja envolvido em uma convivência difícil. Se você não tem certeza de que está sofrendo os efeitos de uma relação conturbada, saiba que o seu corpo é o seu melhor aliado – ele registra o perigo iminente e age como um radar para identificar os sinais emitidos pela interação com pessoas difíceis ou traiçoeiras.

Para saber como o seu corpo reage às situações estressantes e como ele o alerta sobre as pessoas que podem prejudicá-lo, responda às perguntas abaixo:

Quando você se relaciona com uma pessoa tipo Atração Fatal, você sente...
dor de cabeça?
tensão nos ombros?
formigamento nos braços?
um nó no estômago?
torcicolo?
sonolência e falta de atenção?

Antes de ter uma reunião com essa pessoa, você...
dorme mal?
fica nervoso?
sente náuseas?
come mais ou menos do que o costume?
fica tenso?
briga com as pessoas mais próximas?

Depois de ter uma reunião com essa pessoa, você...
fica com vontade de descansar?
quer se "desligar" de tudo?
come mais ou menos do que o costume?
sente falta de ar?
tem dores de cabeça constantes?
sente um grande alívio?

Quando você recebe um recado na secretária eletrônica ou um e-mail dessa pessoa, você sente...
uma sensação de aperto no peito?
a cabeça latejando?

um frio na barriga?
tremores nas mãos?
a respiração entrecortada?
o sangue ferver?

Conhecer os mecanismos de alarme do seu corpo pode ser particularmente útil durante os estágios iniciais de uma relação tipo Atração Fatal. Se a sua linguagem corporal emitir algum sinal de que um chefe, colega, vendedor ou cliente é uma Atração Fatal em potencial, você pode passar logo para o segundo passo.

PASSO 2: DISTANCIAR-SE EMOCIONALMENTE

O segundo passo pode ser o mais difícil, pois ele pressupõe a adoção de uma postura racional de desligamento emocional. O objetivo é olhar para a outra pessoa de um ponto de vista neutro. Distanciar-se emocionalmente é um processo que requer um esforço constante da sua parte, porque exige que você aceite certos fatos sobre a situação:

- **A outra pessoa não irá mudar.** O Explosivo sempre terá um comportamento imprevisível, o Abismo Profundo nunca se sentirá reconhecido, o Sabotador sempre estará determinado a agir de maneira insidiosa, o Destruidor de Pedestais continuará elogiando para depois destruir e o Ressentido sempre acreditará que os outros o tratam de forma injusta.
- **O relacionamento nunca voltará a ser o que era no começo.** Não dá para voltar no tempo. Você não conseguirá recuperar o estágio "lua-de-mel" que experimentou com essa pessoa.
- **Você provavelmente nunca receberá o reconhecimento ou a recompensa que esperava por ter se associado com**

essa pessoa. Esse é um ponto muito importante porque você está lidando com alguém que não pode lhe retribuir. Isso não o impede de aprender a lidar de modo eficaz com esse tipo de relacionamento, mas é preciso aceitar o fato de que não dá para mudar a pessoa. Detalhe: distanciar-se emocionalmente de alguém não significa tolerar um comportamento desagradável e grosseiro.

TESTE SEU DISTANCIAMENTO EMOCIONAL

Como você pode saber se realmente se desligou emocionalmente de alguém? O distanciamento emocional só é bem-sucedido quando você não espera mais que a pessoa mude seu comportamento por sua causa. Ou seja, quando você aceita que ela continue a fazer e a dizer coisas que o desagradam – quando, enfim, admite que não pode alterar sua personalidade.

Experimente o seguinte exercício: enumere cada uma das coisas que o irritam na relação tipo Atração Fatal e escreva uma frase que comece da seguinte maneira: "Eu aceito o fato de que..." Exemplos: "Aceito o fato de que Susan não vê nada de errado em me corrigir na frente de nossos clientes" ou "Eu aceito o fato de que George percebe os meus erros, mas nunca admite seus próprios erros". Escreva o máximo de frases que puder, cada uma descrevendo um traço da personalidade de quem o desagrada. Veja se você honestamente aceita a pessoa como ela é.

(Se você acha que o processo de desligamento emocional é impossível para você, recomendamos a ajuda de um profissional, como um psicoterapeuta ou um terapeuta ocupacional.)

PASSO 3: DESPERSONALIZAR A QUESTÃO

Não importa quantas reviravoltas você experimente com essa pessoa difícil, é fundamental entender o seguinte: *Você não é a primeira pessoa a passar por esse tipo de situação e também não será a última.* ISSO NÃO É SUA CULPA. Quando, por exemplo, um Destruidor de Pedestais começa a ver defeitos em tudo o que você faz, não é porque você tem problemas. É porque a pessoa está fazendo o que sabe fazer melhor: criticar. Despersonalizar a situação pode ajudar a fechar as feridas causadas pelas palavras pesadas ou atos maldosos protagonizados pela Atração Fatal.

Quanto mais você enxergar a conduta da pessoa de forma objetiva, menos poder ela terá sobre você. Por exemplo, se você estiver envolvido com alguém que sofre da síndrome de Ressentido, pergunte a si mesmo: "Ele se sente magoado e com raiva de outras pessoas além de mim?", "Ele guarda muitos ressentimentos de relacionamentos passados?"

Aprender a não levar as agressões para o lado pessoal o ajudará a criar uma estratégica eficaz para lidar com esse relacionamento complicado. Outro aspecto importante implica descobrir as crenças negativas que você tem sobre si mesmo e que são reforçadas pela Atração Fatal.

Se uma pessoa Explosiva o chama de incompetente ou um tipo Abismo Profundo o acusa de ser insensível, você suspeita que possa ser verdade. O mesmo acontece quando o Sabotador joga lama na sua reputação e você duvida do seu profissionalismo, quando as críticas do Destruidor de Pedestais mexem com seu pior medo – o de que talvez você não seja tão competente assim –, e quando as acusações raivosas do Ressentido fazem você desconfiar do seu próprio senso de justiça.

Descobrir e desativar os seus piores medos ("Talvez eu seja mesmo burro" ou "Talvez eu seja mesmo preguiçoso") o deixará bem menos vulnerável aos ataques de uma relação Atração Fatal.

PASSO 4: LIDAR COM A SITUAÇÃO

O passo final para libertar-se da armadilha de uma relação tipo Atração Fatal no trabalho requer um trabalho de planejamento e implementação de uma estratégia para gerenciar o relacionamento. O plano inclui técnicas básicas para escapar da armadilha. Ele se baseia na sua compreensão de que a outra pessoa não irá mudar e que você precisa se proteger. As táticas mais eficazes concentram-se nos fatos e utilizam regras de trabalho comuns, tais como descrições de cargos, memorandos, documentação de conversas e de realizações profissionais.

Agora vamos voltar aos estudos de caso e aplicar essas técnicas a cada uma das situações que oferecem desafios:

O EXPLOSIVO

Vamos começar por Mark, que está preso na armadilha do Sr. Russ, seu chefe instável:

Identificar o problema: Mark começa o processo pensando sobre os cinco tipos de Atração Fatal. Ele rapidamente identifica o Sr. Russ como o tipo Explosivo e percebe que apresenta sintomas do quarto estágio (obsessão com a conversão) e do quinto estágio (azia pós-interação) de uma relação desse tipo. Mark presta atenção à maneira como seu corpo reage à presença do chefe: ele percebe que sente náuseas antes de ir para o trabalho, que sua cabeça fica pulsando sempre que ouve a voz do chefe e que adquiriu o hábito de tomar antiácidos como se fossem água, principalmente depois de uma reunião com o Sr. Russ.

Distanciar-se emocionalmente: Mark concentra suas energias em compreender e aceitar a situação. Ele sabe que o Sr. Russ é o tipo Explosivo e que seus rompantes de raiva fazem parte de sua natureza. Ele se esforça para aceitar o fato de que *não há nada que ninguém possa dizer ou fazer para evitar que o Sr. Russ tenha seus ataques.* Enquanto trabalharem juntos, Mark deve saber que haverá "reuniões de emergência" e que o chefe terá acessos de raiva.

Despersonalizar a questão: Mark tenta não levar o comportamento do Sr. Russ para o lado pessoal. Ele começa a entender que ele e sua equipe não são responsáveis pelas crises do chefe. Eles têm apenas a infelicidade de estar na linha de fogo.

Lidar com a situação: Com base nos fatos acima, Mark cria uma estratégia para lidar com o Sr. Russ de forma mais relaxada. E estabelece um plano para se libertar da armadilha física, mental, verbal e profissional. Da próxima vez que o chefe marcar uma "reunião de emergência", Mark já estará protegido da onda de negatividade.

Libertar-se fisicamente: Outra estratégia importante é criar um momento de concentração sempre que for chamado à sala do Sr. Russ. "Só um instante, Sr. Russ. Já irei até a sua sala." É a senha para se concentrar... respirar lenta, profunda e suavemente, relaxar o corpo e se preparar para enfrentar o ataque de raiva e continuar sentindo-se calmo.

Libertar-se mentalmente: Quando o Sr. Russ começa a gritar, Mark distancia-se e consegue observar a cena como se fosse um show. Para isso, basta lembrar que é apenas mais uma das explosões do Sr. Russ. Assim como uma tempestade repentina, a explosão de raiva passa.

Libertar-se verbalmente: Mark aborda os temores do Sr. Russ sem entrar na mesma sintonia. Ele diz, calmamente: "Eu sei que o senhor está preocupado com o press-release. Nós estamos tomando providências para lidar com o problema."

Libertar-se usando as regras do trabalho: Depois disso, Mark escreve um resumo do que foi dito na "reunião de emergência", delineando claramente o que ele fará para resolver a situação. E envia o relatório para o Sr. Russ.

O ABISMO PROFUNDO

Vejamos o caso de Claire, a assistente de laboratório que se sente esgotada por causa de Dora, sua colega carente.

Identificar o problema: Claire logo percebe que Dora se encaixa no perfil do Abismo Profundo. Quando ela examina os sete estágios, percebe que já está no sétimo, o da prisão. Está resignada a ser a terapeuta gratuita de Dora, pois não consegue imaginar como se libertar das exigências da colega. Seus ombros ficam tensos assim que a vê e se sente cansada e desgastada depois de conversar com ela – a sensação é de que sua energia foi sugada. As mensagens de voz que Dora deixa em seu celular provocam um nó em seu estômago.

Distanciar-se emocionalmente: Claire tenta encarar os fatos. Como sua colega é um tipo Abismo Profundo, não há nada que ela possa fazer ou dizer que resolva os problemas de Dora. Por mais que ela tente, a outra sempre será infeliz e carente. Claire reconhece que, embora Dora *diga* que deseja melhorar sua vida, seu comportamento indica o contrário. Em vez de seguir seus conselhos, Dora simplesmente aparece com mais problemas. Aos poucos, Claire aceita que Dora *não quer uma solução.*

Despersonalizar a questão: Claire precisa dizer a si mesma: "Não sou a primeira pessoa a tentar ajudar Dora e não serei a última." Em vez de se preocupar por deixar a colega desamparada, Claire se convence de que Dora irá pedir ajuda a outra pessoa. Ela sabe também que, assim que se afastar, será duramente criticada por Dora: "Não estou te reconhecendo", "Qual o problema?", "Você anda tão fria. Eu achava que você era uma pessoa legal". Lentamente, Claire percebe que, só porque Dora a chama de "egoísta", isso não é necessariamente verdade.

Lidar com a situação: Claire elabora um plano: da próxima vez que Dora quiser discutir um problema pessoal, dará início ao processo de libertação da armadilha.

Libertar-se fisicamente: Claire respira fundo e imagina um campo de força invisível em volta de seu corpo, protegendo-a e evitando que Dora consuma a sua energia. Ela também se afasta alguns passos para criar mais espaço físico entre as duas.

Libertar-se mentalmente: Quando a colega tipo Abismo Profundo começa a falar de algum problema, Claire sabe que nenhuma sugestão sua irá mudar a situação de Dora. Essa consciência a ajuda a manter a decisão de *não* dar nenhum conselho.

Libertar-se verbalmente: Uma maneira inteligente de agir é criar um limite de tempo com Dora. Claire pode alegar que está muito atrasada com o trabalho hoje e só pode conversar alguns minutos. Quando Dora conta sua história, Claire balança a cabeça concordando por alguns instantes. Depois a interrompe e diz: "É uma situação difícil, mas sei que você consegue resolver."

Libertar-se usando as regras do trabalho: Dali em diante, Claire tenta manter uma postura discreta no trabalho. Ela pode interromper os futuros pedidos de aconselhamento gratuito feitos por Dora olhando para o relógio e dizendo: "Preciso voltar ao trabalho." Se achar necessário, pode até manter um registro de quanto tempo gasta atendendo às necessidades de Dora.

O SABOTADOR

Vamos voltar ao caso de Ellen, a inspetora de alimentos que desconfia de Don, o colega que vive elogiando seu trabalho.

Identificar o problema: Depois de ler a respeito dos cinco tipos de Atração Fatal, Ellen suspeita que Don possa ser um Sabotador. Ela verifica que seu próprio comportamento varia entre o segundo estágio (esgotamento) e o terceiro (ensaio e recuperação). Sua mente está povoada de imagens contraditórias de Don. Por um lado, ela se lembra dele dizendo à Sra. Sutherland: "Ellen comete muitos erros no trabalho." Por outro, ela vê e ouve Don constantemente professando publicamente o grande respeito que nutre por ela. Diante disso, ela vive ensaiando mentalmente conversas imaginárias com a Sra. Sutherland, nas quais ela se defende e tenta restaurar sua reputação.

Ellen percebe que sente uma onda de ansiedade tomar conta de seu corpo sempre que vê Don com a Sra. Sutherland. Se a chefe critica seu trabalho, Ellen fica vermelha e sente um vazio no estômago. Se Don a elogia, ela se sente confusa e aliviada ao mesmo tempo. Só quando ouve uma colega referir-se a Don como "O Informante", ela decide acreditar que ele é *de fato* um Sabotador.

DESVENDANDO O CÓDIGO

Não é fácil desvendar a farsa de um Sabotador. Se estiver em dúvida, comece a investigar o comportamento dessa pessoa e descubra como os outros a vêem. A maioria das pessoas talvez lhe dê dicas sutis, como "Cuidado", "Não fique muito próximo", "Fique longe" ou "Abra o olho". Mas, se alguém que você respeita o descrever como uma pessoa manipuladora, desonesta ou não confiável, pense na possibilidade de essa pessoa estar vendo algo que você não consegue enxergar.

Distanciar-se emocionalmente: Ellen começa a admitir que, se Don é mesmo um Sabotador, ele deve invejar seu poder e, por isso, tem o objetivo de minar sua reputação. Ela não pode mais acreditar em seus elogios ou suas juras de lealdade. Ela precisa ver tais declarações como uma tática para distraí-la do fato de que ele está empenhado em prejudicá-la. Por mais difícil que seja, Ellen reconhece que Don é muito competitivo e tem inveja de seu sucesso.

Despersonalizar a questão: Ellen tenta não levar para o lado pessoal o ataque insidioso de Don, reconhecendo que o comportamento do Sabotador é esse. Ele não acredita que pode atingir o sucesso somente por seus próprios méritos, só sabe agir se roubar algo de alguém. Como típico Sabotador, Don está sempre faminto por poder, influência e reconhecimento. Ellen compreende que ela é provavelmente apenas mais um de seus alvos.

Lidar com a situação: Depois de aceitar a realidade a respeito de seu colega, Ellen está pronta para se libertar da armadilha em que caiu. Embora um Sabotador raramente admita ter feito algo errado, é preciso confrontá-lo com determinação. É desvendando sua trapaça que você consegue impedir sua sabotagem.

Libertar-se fisicamente: Para recuperar o equilíbrio e libertar-se das energias ruins do Sabotador, Ellen começa a praticar exercícios. Ela caminha todas as manhãs para liberar a energia acumulada e assimilar a decepção que sente com esse relacionamento.

Libertar-se mentalmente: Ellen se convence de que o perigo que ela sente é real, que não está imaginando coisas. Quando Don a elogia ou tenta ganhar sua confiança, ela se lembra de que não deve se distrair de seu objetivo.

Libertar-se verbalmente: Ellen aborda a Sra. Sutherland e diz que precisa conversar com ela em particular: "Estou preocupada.

Talvez a senhora não esteja sendo informada a respeito de tudo que acontece em nosso setor. Gostaria de ser avisada sempre que houver uma reunião com o Don, para que possamos trabalhar juntos e melhorar nosso desempenho."

Libertar-se usando as regras do trabalho: Ellen também agenda uma reunião com Don, na qual o informa de que participará de todas as reuniões futuras com a Sra. Sutherland, até que fique claro que ele não está contando mentiras a seu respeito. Depois, ela adota o recurso de documentar cada inspeção detalhadamente. Esse registro inclui todas as tarefas realizadas e todos os resultados gerados, de modo que nada possa ser questionado. Ellen então passa a deixar um relatório semanal sobre a mesa da Sra. Sutherland, resumindo suas atividades e realizações.

O DESTRUIDOR DE PEDESTAIS

Vamos voltar ao exemplo de Greg, o designer de embalagens de um grande fabricante de brinquedos. Ele está tentando sobreviver às críticas implacáveis de sua chefe, Lynnette.

Identificar o problema: Greg vê Lynnette como uma perfeita Destruidora de Pedestais. A essa altura, ele acredita que está preso no sexto estágio do ciclo da Atração Fatal. Ele apresenta uma reação alérgica à chefe e ao trabalho, dorme mal e está emagrecendo. Além disso, sente dor e tensão constante nos músculos dos ombros e das costas. E, quando ouve a voz de Lynnette, seus braços começam a formigar.

Distanciar-se emocionalmente: Greg aos poucos começa a compreender o que significa trabalhar para uma Destruidora de Pedestais. Ele percebe que Lynnette bajula as pessoas porque quer acreditar que os outros têm as respostas que ela procura.

Mas, no fundo, ela se sente insegura e sem confiança em suas próprias convicções. E, por isso, não consegue reagir de modo consistente a nada nem a ninguém.

Despersonalizar a questão: Greg faz um esforço para não levar as críticas de Lynnette para o lado pessoal. Ele se concentra no fato de que ela está projetando sua insegurança nele. Quando a observa interagindo com outros colaboradores, ele percebe que nenhuma das pessoas que ela elogia (coloca em um pedestal) fica por lá muito tempo. Ela constrói e destrói pedestais com grande freqüência.

Lidar com a situação: Greg aprende que a maneira mais eficiente de se lidar com uma pessoa desse tipo é se libertar de suas críticas destrutivas. Para continuar trabalhando para Lynnette, ele precisa encontrar um jeito de se proteger e não deixar que os comentários ferinos dela o desviem de seus objetivos. Para isso, basta documentar seus sucessos e levar o fato ao conhecimento de Lynnette.

Libertar-se fisicamente: Na noite anterior a uma reunião com Lynnette, Greg tenta ter um sono relaxado. Na manhã seguinte, faz um exercício leve (alongamento e exercícios respiratórios) e um pouco de meditação (cinco ou dez minutos) para sentir-se centrado e tranqüilo.

Libertar-se mentalmente: Quando entra na sala de reuniões, Greg tenta se lembrar: "Independentemente dos comentários dela, sei que as minhas idéias de design são boas." Ele sabe disso porque já pediu que dois designers cuja opinião ele valoriza fizessem uma análise crítica do trabalho.

Libertar-se verbalmente: Em vez de esperar pelos comentários negativos de Lynnette, Greg começa a reunião dizendo o seguinte:

"Tomei a liberdade de mostrar meus projetos para dois especialistas em embalagens e eles gostaram muito." Isso lida com o medo não declarado de Lynnette de que as idéias não sejam atuais ou esteticamente agradáveis.

Libertar-se usando as regras do trabalho: Greg continua a levar seus projetos para serem avaliados por colegas respeitados da área de design de embalagens. E sempre recebe críticas construtivas antes de apresentá-los a Lynnette. Ele também respalda suas escolhas com estatísticas a respeito das novas tendências para embalagens. E continua a provar a Lynnette que está sempre se atualizando. Finalmente, quando uma embalagem vai para a linha de produção, Greg documenta seu sucesso. Ele leva para as reuniões com Lynnette dados a respeito e deixa que eles falem por si.

O RESSENTIDO

Vamos voltar ao caso de Peter, o dono do posto de gasolina que se sente encurralado pela hostilidade do frentista Ray.

Identificar o problema: Peter não tem dúvidas de que o comportamento de Ray se encaixa perfeitamente no perfil do Ressentido. Da mesma forma, acha que se encontra no terceiro estágio do processo – ensaio e recuperação – pois vive imaginando maneiras diferentes de abordar Ray a respeito de seus atrasos constantes. Peter se imagina dando uma advertência na próxima vez que ele reclamar por ter de atender os clientes, ou mesmo dizendo: "Tome jeito ou vá embora!" Quanto às reações físicas, Peter percebe que sente mais desconforto pela manhã. Enquanto espera que Ray apareça para trabalhar, sente ondas de ansiedade e dores no pescoço. À medida que o tempo passa e Ray não aparece, tem a sensação de que o sangue está fervendo de tanta raiva.

Distanciar-se emocionalmente: Peter se esforça para aceitar o fato de que Ray é um grande mecânico, mas seu comportamento é o pior possível. Ele é o Ressentido típico. Peter percebe que Ray aborda todas as situações como se ele fosse uma vítima e não o responsável por seus atos. E acaba se conformando com o fato de que Ray sempre se sentirá trapaceado e incompreendido e que não há nada que ele possa fazer ou dizer para alterar isso.

Despersonalizar a questão: Quando Ray reclama que trabalhar como frentista é uma tarefa que está "abaixo dele" ou que é "humilhante", Peter começa a entender que essa atitude negativa não é problema seu. Assim como não é verdade que descontar os atrasos e as faltas do salário de Ray o torna um "capitalista mesquinho", como diz Ray. O que Peter reconhece é o fato de que seus temores de ser visto como "mesquinho" ou "injusto" o prendem no jogo manipulador de Ray. Comentários depreciativos como "Você não se importa com seus funcionários" e "Você só precisa de mim porque quer ficar com uma boa imagem" não passam de tentativas que Ray faz para que Peter aceite seu comportamento não-profissional.

Lidar com a situação: O primeiro passo para resolver o problema é perceber o óbvio: Ray não está desempenhando bem o seu trabalho. Se Peter quiser se libertar dessa relação-armadilha, precisa se apoiar nos fatos. E comunicar claramente o comportamento que espera de Ray, inclusive avisando-o das punições para quando ele não realizar seu trabalho de maneira correta.

Libertar-se fisicamente: Para se liberar das toxinas que Ray injeta em seu organismo, Peter corre três vezes por semana e se exercita na academia. Todas as manhãs ele pratica uma técnica de respiração (inspira e prende a respiração contando até três, e expira contando até seis). Ele repete o exercício até sentir-se relaxado.

Libertar-se mentalmente: Quando Ray chega atrasado, Peter diz a si mesmo que não há nenhum problema em cobrar pontualidade de seu funcionário. Se Ray ficar com raiva e desistir do emprego, não há problemas – Peter e o posto de gasolina poderão sobreviver sem ele. Com isso em mente, Peter se prepara para ser alvo da animosidade de Ray.

Libertar-se verbalmente: Peter estabelece um limite verbal. Ele diz a Ray: "São 10h30. O seu trabalho começa às 9h. Da próxima vez que você se atrasar, considerarei que você pediu demissão." Se Ray tentar argumentar, Peter apenas diz: "Não vou discutir este assunto."

Libertar-se usando as regras do trabalho: Os dois métodos mais eficientes contra um Ressentido são as descrições de cargo e a política de normas e regulamentos da empresa. A descrição das tarefas previstas para aquela função deve estipular claramente tudo o que é exigido daquele cargo. As normas e regulamentos devem definir as atitudes e os comportamentos esperados de todos que trabalham para a empresa. (Para saber mais detalhes, vá até o Capítulo 7, "Gerenciando para baixo: sendo paternal com os colaboradores".)

Peter revê a descrição do cargo de Ray, do horário de expediente às tarefas associadas ao trabalho de frentista, e entrega a Ray uma cópia desse documento, perguntando se ele concorda com os termos. Se Ray disser "sim", Peter avisará que ele está em um período de experiência, durante o qual será observado e avaliado (sugerimos um período de duas semanas). Ao mesmo tempo, Peter deve começar a procurar um substituto para o cargo.

PREPARE-SE PARA SER POSTO À PROVA

Assim que você mudar seu comportamento em relação a uma pessoa tipo Atração Fatal, essa pessoa inconscientemente irá redobrar os esforços para fazer com que a relação volte ao estágio inicial. O Explosivo pedirá desculpas, o Abismo Profundo o elogiará, o Sabotador tentará ser gentil, o Destruidor de Pedestais o cobrirá de elogios (já se preparando para criticá-lo impiedosamente) e o Ressentido tentará convencê-lo a ser mais flexível nas regras. Não desanime e não ceda. Não deixe que essas fases de tranqüilidade o façam cair novamente na teia da Atração Fatal.

É preciso bastante treino e habilidade para se libertar de uma relação tipo Atração Fatal. Com dedicação e perseverança, contudo, isso é possível. Use o que aprendeu neste capítulo para identificar os relacionamentos complicados no seu local de trabalho. Se você perceber que está envolvido nesse jogo nocivo, aplique as técnicas avançadas e liberte-se da armadilha.

TUDO SOBRE AS RELAÇÕES TIPO ATRAÇÃO FATAL

O EXPLOSIVO

Capacidade de atração: Pessoas que gostam de personalidades dinâmicas.

Característica: Rompantes de raiva que deixam qualquer um atordoado.

Incompatibilidade: Aceite o fato de que essa pessoa tem alguma raiva não resolvida.

Foco: Saiba que essas explosões de mau humor acontecerão independentemente do que você fizer.

Como lidar com a situação: Aprenda a observar os ataques de raiva sem ser afetado por eles. Documente todos os pedidos feitos durante o ataque de raiva e apresente ações concretas.

O ABISMO PROFUNDO

Capacidade de atração: Pessoas que gostam de ajudar as outras.

Característica: No começo do relacionamento, esse tipo tem o hábito de contar seus problemas pessoais.

Incompatibilidade: Aceite o fato de que essa pessoa só quer atenção, não ajuda.

Foco: Saiba que você não vai resolver os problemas dela, por mais que tente.

Como lidar com a situação: Pare de tentar resolver os problemas que lhe são apresentados. Apenas documente e observe o tempo gasto nisso. Ouça, mas não dê conselhos.

O SABOTADOR

Capacidade de atração: Pessoas vaidosas, que gostam de ser elogiadas.

Característica: Depois de um começo promissor, pode apostar: surgirão indícios de que o Sabotador está passando informações erradas e mal-intencionadas sobre você.

Incompatibilidade: Aceite o fato de que, em nome de sua própria carreira, essa pessoa prejudica quem estiver em seu caminho.

Foco: Quem tem esse tipo de personalidade não acredita na possibilidade de ser bem-sucedido somente por seus próprios méritos. Para subir na carreira, o Sabotador precisa prejudicar e manchar a imagem do outro.

Como lidar com a situação: Encontre uma maneira de descobrir se o Sabotador se comunica secretamente com os outros. Registre tudo.

O DESTRUIDOR DE PEDESTAIS

Capacidade de atração: Pessoas que gostam de ser endeusadas, colocadas no pedestal.

Característica: Em geral, esse tipo de pessoa faz muitos elogios no começo do relacionamento.

Incompatibilidade: Aceite o fato de que nada que você fizer o colocará novamente no pedestal.

Foco: Saiba que a insegurança dessa pessoa é a origem de suas críticas destrutivas a você.

Como lidar com a situação: Pare de tentar subir novamente no pedestal. Concentre-se em obter aprovação, encorajamento e apoio de outras pessoas. Comece a se autopromover de maneira positiva.

O RESSENTIDO

Capacidade de atração: Pessoas com forte senso de justiça, dispostas a fazer o bem.

Característica: Conta e reconta várias vezes histórias sobre como foi injustiçado ou maltratado pelos outros.

Incompatibilidade: Aceite o fato de que não é possível alterar o modo como a pessoa pensa.

Foco: Compreenda que qualquer exigência feita por você será vista como algo injusto.

Como lidar com a situação: Concentre-se nos fatos. Consulte a descrição do cargo, as normas e os procedimentos. Documente o comportamento do Ressentido e, se ele não seguir as regras, procure um substituto.

5

"Gerenciando para cima": assumindo o controle

"Corte a sua própria lenha, ela o aquecerá em dobro."
HENRY FORD

OS CINCO PASSOS DA ARTE DE "GERENCIAR PARA CIMA"

1. Informe seu chefe da necessidade de manter reuniões regulares com você.
2. Apresente uma pauta detalhada para cada reunião.
3. Fique atento caso seu chefe mude as prioridades.
4. Antecipe os problemas e ofereça soluções.
5. Esteja sempre preparado para dar feedback sobre o andamento de seus projetos.

AS CINCO MÁXIMAS DA ADMINISTRAÇÃO COMPETENTE

1. Chegue na hora ou mais cedo para o trabalho.
2. Seja rigoroso e mantenha longe as pessoas que consomem seu tempo.
3. Crie sistemas para que os outros possam encontrar o que buscam caso você não esteja por perto.
4. Mantenha em segurança as informações confidenciais.
5. Prometa pouco e faça muito.

Alec é programador de uma empresa de desenvolvimento de websites. Ele está construindo o site de uma famosa cadeia de supermercados e precisa ter uma reunião com seu chefe, Steve, para rever alguns problemas técnicos. São 9 horas da manhã de uma segunda-feira quando Alec procura Steve. "Você tem um minuto?", pergunta. Steve faz um sinal para que ele entre, mas está visivelmente ocupado. Segura o telefone com uma mão e a correspondência que está abrindo com a outra. Seus olhos estão percorrendo os e-mails na tela de seu laptop. Alec pergunta se Steve tem alguns minutos para discutir o site para a cadeia de supermercados. "Agora não", responde Steve. "Marque uma reunião com a minha secretária."

Alec segue as instruções de Steve e marca uma reunião para quarta-feira. Mas, ao chegar para a reunião, descobre que Steve está no meio de uma apresentação. Alec só consegue marcar outra reunião com Steve para a semana seguinte. Quando finalmente sentam para conversar, Alec faz um relatório sobre o andamento do projeto e os problemas com que se deparou na produção do site para a rede de supermercados. Steve fica visivelmente nervoso. "Por que você não me falou sobre isso na semana passada?", interrompe. "Eu falei com o cliente e eles estão esperando o site."

Alec começa a se defender: "Eu tentei ter duas reuniões com você na semana passada...", mas Steve balança a cabeça e faz um gesto para que ele saia do escritório. "Pode sair. Vou precisar criar um plano de emergência para salvar esse projeto."

Alec caiu na armadilha – e na posição de perdedor. Embora tenha tentado falar com o seu chefe sobre o projeto, acabou perdendo o prestígio de ser alguém que cumpre prazos. Alec precisa tomar uma decisão: tanto pode achar que Steve é alguém que não ouve sua equipe e pedir demissão, sentindo-se injustiçado, ou pode aprender a gerenciar seu gerente.

Diversas vezes encontramos líderes como Steve, pessoas com um estilo gerencial longe do ideal. Na verdade, muitos colaboradores classificam as pessoas que os supervisionam como "terríveis". A enorme frustração que experimentam ao lidar com gerentes não qualificados pode gerar noites insones, ataques de ansiedade, depressão, dores de cabeça, úlceras, brigas com os colegas, faltas ao trabalho, jornadas longas e até uso excessivo de álcool ou medicamentos.

Nós descobrimos que existem dois tipos de gerenciamento no mundo dos negócios: o "gerenciamento para baixo" e o "gerenciamento para cima". O "gerenciamento para baixo" é a forma tradicional de gerenciar a sua equipe. Já o "gerenciamento para cima" se refere à gestão de pessoas que estão em posições hierárquicas acima da sua, especialmente seu chefe. *Quanto menos seu chefe for adepto da técnica de "gerenciar para baixo", mais importante se torna o seu "gerenciamento para cima".*

Quantas vezes você já ouviu os amigos reclamando de seus superiores? Em quantos jantares você já esteve nos quais a discussão inevitavelmente envolvia as histórias de chefes terríveis? Quantas vezes já ouviu colegas exasperados contando sua frustração com supervisores incompetentes?

Embora sejam compreensíveis as reclamações e os mecanismos que desenvolvemos para agüentar o mau gerenciamento no trabalho, nada disso melhora a situação geral. "Gerenciar para cima" é a solução para o desafio de trabalhar com um chefe imperfeito. Em vez de se concentrar apenas nas falhas, a técnica de "gerenciamento para cima" procura melhorar e controlar as interações entre você e seu chefe. Ela lhe ensina como evitar as armadilhas que surgem entre os chefes e seus funcionários.

POR QUE EXISTEM GERENTES TÃO RUINS?

Infelizmente, a maior parte das pessoas responsáveis por liderar e administrar o trabalho dos outros não é preparada para esse trabalho. Isso acontece porque as empresas promovem seus profissionais por motivos muito variados, mas quase nunca pela habilidade de gerenciamento. Veja abaixo três razões para promover um colaborador ao cargo de gerente:

1. Conhecimento técnico – O médico mais exímio pode se tornar gerente de um laboratório de pesquisa, mas será que ele sabe como lidar com pessoas?
2. Tempo de serviço – O vendedor mais antigo de uma fábrica de jeans pode virar gerente de vendas devido ao seu tempo de casa, não por sua capacidade.
3. Motivos políticos – Um funcionário júnior que joga tênis com o presidente da empresa pode ser alçado rapidamente à posição de supervisor, mas não por seu cativante estilo de liderança.

Ao ser colocado em uma posição de chefia, o novo gerente raramente é treinado para assumir suas novas funções. O mais comum é que o novato seja jogado em situações onde ou bem ele se torna um herói ou um fracassado. Como desconhece o tipo de liderança que a equipe precisa, ele simplesmente supõe que as outras pessoas pensam e trabalham exatamente como ele.

Há uma grande chance de que seu chefe jamais tenha aprendido sequer os rudimentos das técnicas de gerenciamento – como, por exemplo, comunicar-se de maneira eficaz, determinar metas e expectativas ou monitorar e avaliar de modo correto o desempenho no trabalho.

Além de receber pouco ou nenhum treinamento, muitos gerentes têm de se desdobrar. Além de administrar um setor, eles são responsáveis por outras tarefas. Por exemplo, a chefe de enfermagem da unidade de traumatologia de um hospital deve gerenciar as enfermeiras de seu andar e também atender seus pacientes. O editor-chefe de uma revista mensal deve escrever suas próprias matérias e também supervisionar o trabalho de outros jornalistas e editores.

Geralmente, quando as pessoas têm dois tipos de responsabilidades, elas selecionam o que lhes parece menos difícil e mais concreto. É mais gratificante verificar o soro intravenoso de um paciente amável do que confrontar dois funcionários que vivem brigando. É mais fácil escrever um artigo interessante do que cobrar os artigos atrasados dos jornalistas mais lentos.

O QUE É NECESSÁRIO PARA APLICAR O "GERENCIAMENTO PARA CIMA"?

Como as promoções nem sempre se baseiam na habilidade gerencial da pessoa e as empresas raramente oferecem um treinamento adequado para os novos gerentes, além do fato de que, em geral, esses profissionais têm que desempenhar multitarefas, fica claro que "gerenciar para cima" é a melhor saída para estabelecer um relacionamento mais satisfatório e menos frustrante entre o chefe e sua equipe.

Antes de aprender efetivamente a técnica de "gerenciar para cima", você deve tomar duas importantes decisões:

1. Aceitar que o seu chefe tem limitações quando se trata de gerenciar pessoas.
2. Assumir a responsabilidade de melhorar o relacionamento com seu chefe.

Muitas pessoas ficam presas às idéias preconcebidas sobre como um chefe deve se comportar, e agem de acordo com essas crenças. Veja se você se identifica com alguma das seguintes frases:

O meu chefe deveria...
ser mais organizado.
saber delegar tarefas.
dizer claramente o que espera de mim.
dedicar um pouco de seu tempo e atenção a mim.
me elogiar mais.
fazer críticas construtivas.
me proteger das críticas injustas.
reconhecer o trabalho que faço.
não demonstrar favoritismo.
respeitar o meu tempo.
importar-se com o meu bem-estar.

Na teoria, um gerente capaz deve corresponder a tais expectativas. Na prática, a maioria das pessoas que ocupa cargos de chefia tem dificuldades em pelo menos um dos itens acima. Mesmo os profissionais experientes acham um desafio corresponder a tais padrões. Você, contudo, tem escolhas. Tanto pode ficar no time dos que reclamam quanto pode reconhecer as falhas de seu chefe e aprender a gerenciá-lo.

ASSUMINDO A RESPONSABILIDADE DE MELHORAR A RELAÇÃO

Muitas pessoas torcem para que seu gerente mude. Se ele é mesquinho, negligente e ingrato, você pode muito bem desejar que ele se transforme em um ser humano mais gentil, dedicado e capaz de reconhecer seus esforços. O erro é não se sentir responsável pelo relacionamento ser tão ruim assim. Para que as coisas melhorem, é preciso tomar a iniciativa, libertar-se das situações emocionalmente estressantes. Fazendo isso, você vai melhorar essa relação profissional, mesmo que o seu chefe não mude.

Existem cinco práticas fundamentais para melhorar radicalmente o relacionamento entre você e a pessoa que supervisiona o seu trabalho. Os colaboradores que incorporam esses hábitos sentem-se mais fortalecidos e menos "vítimas", conseguindo obter mais satisfação no trabalho. Resumindo: eles param de odiar seus chefes.

PASSO 1 – Informe seu chefe da necessidade de fazer reuniões freqüentes.

Essa é a regra principal. Se você quer realmente melhorar o seu dia-a-dia profissional, precisa ter conversas freqüentes com a pessoa que o supervisiona. O ideal é ter reuniões regulares com o seu gerente em um horário que seja conveniente para ambos. Podem ser encontros rápidos, de, no máximo, 15 minutos, mas eles o pouparão de horas de frustração.

Se você é como a maioria das pessoas, o único momento em que seu chefe fala com você é quando está passando pela sua mesa, correndo para pegar o elevador ou indo para uma reunião. Vocês até conversam rapidamente várias vezes por dia, mas nenhuma dessas pequenas interações resolve seus problemas de comunicação ou de planejamento. Em geral, as pessoas não se lembram do que foi dito no meio da correria.

Se você realmente quer que seu chefe preste atenção em você, marque uma reunião. Ela pode ser semanal ou diária, mas é a oportunidade para você falar dos projetos que estão em andamento, repassar as metas, informar mudanças de prioridades e abordar áreas problemáticas. Esse também é o momento de confirmar a aprovação de um pedido de compra, discutir decisões importantes, mapear planos de ação e apresentar novas abordagens para velhos problemas.

A questão é que muita gente não gosta de fazer reuniões. Provavelmente ainda tem na memória o último encontro inútil pelo qual passou. Ou talvez não goste de ficar sentada em uma sala abafada junto com outras pessoas. Afinal, é difícil manter os olhos abertos quando todos falam em tom monótono. Mas estamos sugerindo algo bem diferente disso.

Nossa proposta são encontros breves, organizados e objetivos, para definir um plano de ação para aquela semana ou aquele dia. A melhor forma de fazer isso é assumir a coordenação da reunião. Prepare a pauta de assuntos a serem discutidos e seu chefe lhe concederá o tempo necessário. Traga todo tipo de informação auxiliar que possa ajudá-lo a tomar as decisões necessárias. A maioria dos gerentes dá valor a qualquer coisa que possa poupar seu tempo e reduzir sua carga de trabalho. E esse tipo de reunião faz isso, tanto por você quanto por seu chefe.

Não desanime se, no começo, seu superior esquecer a reunião ou marcar outra coisa no mesmo horário. Persevere. Encontre uma maneira de se encontrar com ele em bases regulares.

CENÁRIO Nº 1

Numa tentativa inicial de "gerenciar para cima", você pede para ter uma reunião com seu chefe, ele concorda e marca para as 15 horas. Você prepara suas notas e está ansioso para o encontro. Dez minutos antes da hora marcada, no entanto, ele liga e cancela, dizendo que precisa resolver algo muito importante.

Reação errada: Você responde "Tudo bem" e diz a si mesmo que nunca conseguirá ter reuniões regulares com seu chefe. Você se ressente por ter sido preterido.

Reação certa: Você entende que conseguir marcar reuniões com seu chefe de forma regular é um processo, por isso persevera e diz: "Vamos marcar para outra hora, então. Qual o melhor horário para você amanhã: de manhã cedo ou no fim da tarde?"

PASSO 2 – Apresente uma pauta detalhada em cada reunião.

O processo de "gerenciar para cima" requer participação ativa, e não passiva, no planejamento. Os funcionários dinâmicos chegam às reuniões prontos para apresentar um relatório sobre os projetos que estão em andamento, os potenciais problemas e as possíveis soluções. Uma pauta por escrito é um meio concreto de direcionar a atenção para os assuntos importantes.

Siga as seguintes recomendações:

- **Apareça na reunião com uma pauta detalhada.** Traga duas cópias, uma para você e outra para o seu chefe. Disponha os tópicos em itens.
- **Priorize seus problemas e dúvidas.** Coloque os assuntos em ordem de prioridade. Você manterá a atenção de seu chefe por mais tempo se começar a reunião com os assuntos mais urgentes, pois a tendência é que a concentração dele vá diminuindo.
- **Coloque na pauta tudo que precisa ser discutido.** Se não der tempo de discutir todos os temas listados, vocês saberão quais assuntos ficaram pendentes. Isso também impedirá que você esqueça de mencionar algum tema importante.
- **Traga toda a informação necessária para ajudar na tomada de decisões.** Se você deseja que seu chefe aprove um pedido de compra, não esqueça de levar o catálogo dos produtos (inclua os preços e os formulários de pedido). Se você quer ajuda para lidar com um colega difícil, traga sua avaliação a respeito do que considera problemático.
- **Faça anotações e arquive para referências futuras.** Pautas detalhadas são um valioso documento. Elas servem como um registro do que foi discutido e combinado e são particularmente úteis caso você seja acusado de não realizar alguma tarefa pertinente ao seu trabalho.

Eis um exemplo de pauta:

Data: 23 de fevereiro de 2005
Hora da reunião: 9 horas
Participantes: Alec (programador de websites), Steve (VP de Desenvolvimento de Web)
Materiais necessários: lista de dúvidas sobre o site da rede de supermercados (duas cópias), relatório sobre o site ACD, catálogo de softwares, pedidos de férias

Pauta

1. Site da rede de supermercados: problemas na produção
   a. Como criar multi-flash
   b. Tamanho e formato dos banners
   c. Problema com alguns links
2. Atualização do site ACD
3. Necessidade de novo software: opções e preços
4. Pedidos de férias dos programadores
5. Festa de despedida de Jesse

Data da próxima reunião:
Horário:
Tempo necessário:
Participantes:
Tópicos a discutir:
Materiais necessários:

CENÁRIO Nº 2

Você chega à reunião e dá ao seu chefe uma cópia da pauta de assuntos a serem discutidos. Ele olha o papel, sorri e o coloca de lado. E começa a conversar sobre seu assunto favorito: pescaria.

Reação errada: Você não diz nada e se ajusta à situação, mas, no fundo, pensa: "Isso é tão típico. Eu preparo uma pauta de assuntos e ele a ignora totalmente." E se concentra em observar os pelinhos do nariz dele enquanto ele tagarela.

Reação certa: Você educadamente chama a atenção dele para sua pauta: "Eu gostaria de verificar com você os assuntos da lista que acabei de entregar." Você o guia por cada tópico, enfatizando a importância de discutir os temas com ele.

PASSO 3 – Fique atento caso seu chefe mude as prioridades.

Muitos gerentes supõem que você sabe quais são as prioridades, mesmo que elas mudem. Em um dia de trabalho típico, acontecem coisas inesperadas que redefinem a importância dos assuntos. Uma entrega não chega a tempo, um equipamento pode quebrar, um projeto muda de foco ou mesmo alguém pode não cumprir o prazo.

Encare de maneira positiva o desafio de lidar com mudanças inesperadas e, ao mesmo tempo, manter-se atualizado sobre as prioridades do momento. No começo de cada dia, pergunte ao seu supervisor: "Qual é a prioridade de hoje?" Se não for possível falar com ele pessoalmente, mande um e-mail. Crie algum método de saber quais são os assuntos mais urgentes para seu chefe. Isso evita que você perca tempo com tarefas que não são mais relevantes para seu superior. E você ainda ganha pontos por demonstrar iniciativa. E passa a ser visto como alguém que sabe trabalhar em equipe e solucionar problemas.

Existem diversas maneiras de descobrir quais são as prioridades do momento. Tente abordar seu chefe com perguntas desse tipo:

- O que você precisa hoje?
- O que posso fazer por você?
- O que mais precisa ser feito?

- Que problema você quer que eu resolva?
- Como posso ajudá-lo?

Recomendamos que você fique atento durante o dia a qualquer assunto urgente que apareça exigindo a atenção de seu chefe.

CENÁRIO Nº 3

Você trabalha para uma empresa de instalação e assistência técnica de aparelhos de ar condicionado. A inauguração de um shopping center está marcada para o dia mais quente do ano. Você chega ao trabalho naquela manhã com a intenção de enviar diversas faturas para os clientes. Às 10 horas, seu chefe recebe uma ligação dizendo que o ar-condicionado do novo shopping não está funcionando. Trata-se do maior cliente da empresa. Você vê o seu chefe correndo de um lado para o outro, tentando resolver a emergência.

Reação errada: Você ignora a situação e se mantém concentrado na preparação e envio das faturas.

Reação certa: Você percebe que o maior cliente da empresa está com um problema e se coloca à disposição para ajudar: "O que posso fazer para ajudar?"

PASSO 4 – Antecipando problemas e oferecendo soluções.

Não há nada mais valioso do que um colaborador capaz de identificar prováveis problemas e de oferecer maneiras de evitá-los. Desenvolva essa habilidade, torne-se alguém que alivia a tensão e não que cria mais estresse. Digamos, por exemplo, que você percebe que a fotocopiadora da empresa está emitindo um barulho estranho. "Gerenciar para cima", no caso, seria entrar em contato com um técnico competente para investigar o barulho *antes* que a máquina quebre.

SOLUCIONANDO OS PROBLEMAS QUE PODEMOS PREVER

Todo ambiente de trabalho possui um conjunto de problemas que podem ser previstos. Na fábrica, por exemplo, os equipamentos quebram e as entregas atrasam. Nos hospitais, não é raro que os medicamentos acabem ou que vários pacientes cheguem ao mesmo tempo. Os taxistas sempre têm de lidar com obras nas ruas e engarrafamentos. Quais são os problemas previsíveis na sua área de trabalho?

Se você pode solucionar os problemas típicos, então passa a ter uma escolha. Pode tanto continuar a ser pego de surpresa quando as crises previsíveis ocorrerem ou lidar com o problema calmamente, reconhecendo que ele é um aspecto inevitável do seu trabalho. Você não precisa cair na armadilha.

Veja algumas ações preventivas que podem ser muito úteis no dia-a-dia:

Confirme os compromissos. Verifique a hora e o local das reuniões. Isso pode poupar horas de frustrações e atrasos. Quantas vezes você descobriu em cima da hora que a reunião tinha sido transferida para outro local? Um simples telefonema ou e-mail resolve o problema e ganha tempo para você e seu chefe.

Esclareça a logística. Sempre peça orientações sobre como chegar ao local, mesmo se você achar que o seu chefe sabe o caminho. Descubra quanto tempo leva, os detalhes do vôo (companhia aérea, hora de chegada, os tipos de transportes oferecidos) e do hotel (endereço, telefone) onde ele ficará hospedado.

Verifique com antecedência se o equipamento está funcionando. Quantas vezes você já precisou entregar um documento importante e a impressora falhou naquele momento? Antecipe os problemas técnicos pedindo uma manutenção rotineira do equipamento do escritório. Aconselhamos que você se familiarize com o setor que cuida da administração predial, o que inclui computadores, telefones, eletricidade e ar-condicionado.

Reabasteça o estoque antes que ele acabe. Dependendo da área em que você atua, o material de trabalho pode variar entre papel, cartuchos de tinta, DVDs ou chips de computador. Recomendamos criar um pequeno estoque e mantê-lo atualizado, de modo a ter sempre à mão tudo o que for necessário para que todos trabalhem tranqüilamente.

CENÁRIO Nº 4

Você acorda e está se preparando para ir trabalhar quando se lembra que sua supervisora está sem o laptop dela. Como ela tem uma reunião marcada para o café da manhã, às 8 horas, seguida de uma apresentação de vendas do outro lado da cidade, não será possível passar no escritório para pegar o laptop e chegar a tempo da apresentação. Você sabe que esse cliente é importante para ela.

Reação errada: Você pensa: "Ela sempre se esquece das coisas. Não é problema meu."

Reação certa: Ao chegar ao escritório, você liga para o celular de sua supervisora e a avisa que vai deixar o laptop no local da apresentação.

PASSO 5 – Esteja sempre preparado para dar feedback sobre o andamento de seus projetos.

Embora seu superior hierárquico seja responsável por gerenciar o setor ou um projeto específico, é sua responsabilidade manter-se atualizado sobre o status de seu trabalho. Você nunca sabe quando será chamado para esclarecer qualquer dúvida. Estar pronto para dar feedback sobre o andamento do seu trabalho deveria ser algo esperado. Por que a maioria das pessoas não faz isso? Porque elas não entendem o quanto os relatórios são importantes para seus gerentes. Na verdade, muitas acreditam que a averiguação minuciosa de seu trabalho é um insulto, uma invasão de privacidade. Mas isso está longe de ser verdade.

Se você estiver verdadeiramente "gerenciando para cima", sabe que informar o seu supervisor sobre o desenvolvimento do trabalho faz com que você seja visto como um profissional competente, organizado, informado e prestativo. O feedback facilita a vida de todo mundo. Portanto, esteja sempre preparado para dizer o seguinte ao seu chefe:

- O que você está fazendo no momento.
- Em que ponto você está quanto ao cumprimento de certas tarefas.
- Qual foi o seu progresso até o momento e o que falta para finalizar um projeto mais longo.

CENÁRIO Nº 5

Seu supervisor pede que você localize um pacote que foi enviado no dia anterior, via Sedex, para o escritório da empresa, mas que ainda não chegou. O sistema de rastreamento online está temporariamente fora do ar, o que significa que você precisa tentar descobrir onde está o pacote pelo telefone. Às 11 horas da manhã, seu chefe sai um minuto da sala de reuniões e pergunta pela encomenda.

Reação errada: Você dá de ombros e diz: "Liguei para os Correios, mas eles não me ligaram de volta." E pensa: "Fique calmo. É só um pacote."

Reação certa: Você diz: "Falei com os Correios e eles estão rastreando o pacote. Terei a resposta em breve."

Agora vamos voltar ao caso de Alec e sua tentativa de agendar uma reunião com Steve. Em plena manhã de segunda-feira ele percebe que seu superior está ocupado e sem tempo para discutir o site da cadeia de supermercados. Em vez de esperar ser dispensado, ele começa o processo de "gerenciar para cima":

- **Mude as prioridades.** Alec constata o óbvio: "Pelo número de telefonemas que você está recebendo e pela grande quantidade de correspondência na sua mesa, dá para perceber que esta não é a melhor hora para a gente ter uma reunião." Steve concorda: "Eu preciso dar uma olhada no seu projeto, mas estou muito ocupado agora."
- **Ofereça soluções.** Alec então oferece uma alternativa: "Talvez possamos nos ver hoje às 15 horas." Steve olha sua agenda. "Na verdade, eu já tenho uma reunião marcada com nosso maior cliente nesse horário." Alec insiste: "Tudo bem. E quanto a amanhã? Qual o melhor horário para você?" "Talvez de manhã cedo, às 8 horas." Alec confirma o horário e certifica-se de que Steve marque a reunião em sua agenda também.
- **Prepare uma pauta.** Alec finaliza o processo de "gerenciar para cima" chegando à reunião de terça-feira com duas cópias de sua pauta. Antes da reunião, ele passa um e-mail para Steve com uma lista de dúvidas que precisam ser resolvidas.
- **Comunique ao seu chefe sua necessidade de ter reuniões.** Com o tempo, Alec estabelece um encontro regular com Steve (sexta pela manhã é o melhor horário para ambos). Nessa reunião, eles podem discutir e solucionar todos os problemas dos sites que estão sendo desenvolvidos.

- **Esteja preparado para dar feedback sobre o andamento do projeto.** No começo de cada semana, Alec dá a Steve uma lista que descreve o status de cada projeto. Conseqüentemente, Steve sente-se mais confiante e mais bem informado ao conversar com os clientes.

AS CINCO MÁXIMAS DO "GERENCIAMENTO PARA CIMA" – PRÁTICAS AVANÇADAS

Assim que você tiver aprendido os cinco passos essenciais, pode levar o processo de "gerenciamento para cima" a um nível mais elevado, adaptando nossas técnicas mais avançadas. Nós as chamamos de Cinco Máximas porque elas criam padrões de excelência em qualquer ambiente de trabalho. Os colaboradores que incorporarem essas técnicas aumentarão o valor de seus passes e serão respeitados em qualquer equipe. Em suma, essa mudança de hábitos vai acelerar sua carreira.

Se você está se sentindo invisível, se esqueceram de você na época de promoções, se está vulnerável e recebeu críticas nada positivas ao seu desempenho, sugerimos que incorpore as Cinco Máximas do "gerenciamento para cima" ao seu cotidiano de trabalho.

MÁXIMA Nº 1 – Seja pontual ou chegue mais cedo para o trabalho.

As pessoas que são pontuais ou que chegam mais cedo para o trabalho afirmam que partilham de um grande benefício: um tempo valioso para colocar as tarefas em ordem de prioridade e preparar-se para as atividades do dia. Como nos explicou um colaborador do tipo madrugador: "Quando eu chego um pouco mais cedo, consigo controlar o meu dia, em vez de ser controlado por ele."

Antecipar o horário de entrada em pelo menos 10 minutos permite que você avalie que assuntos precisam de sua atenção e decida onde irá concentrar sua energia. Ser pontual também ajuda a construir a imagem de profissional competente. E deixa a impressão de que você sabe administrar o seu tempo e que, portanto, é capaz de lidar com responsabilidades maiores.

Talvez você ache que só os "certinhos" chegam na hora. Mas pense no tipo de imagem que você transmite para o seu chefe ao se atrasar. A maioria vê a pontualidade como sinal de profissionalismo, respeito, confiabilidade e entusiasmo. Os atrasos crônicos indicam o contrário: falta de profissionalismo, desrespeito, falta de motivação e de confiabilidade.

Veja os principais fatores responsáveis pelo atraso dos colaboradores:

- Dormir demais.
- Engarrafamento na hora do rush.
- Atraso do trem, ônibus ou metrô.
- Fila na lanchonete onde você toma café da manhã.
- Receber uma ligação telefônica inesperada pela manhã.
- Passar uma roupa que você queria muito usar naquele dia.
- Deixar ou pegar algum objeto em algum lugar antes do trabalho.
- Um filho que ficou doente.

Se você quer administrar melhor o seu tempo, crie intervalos de segurança. Ou seja, aqueles minutinhos extras que as pessoas pontuais costumam reservar para pequenas emergências pessoais. Essa folga permite que você não comece o dia estressado. Se você sempre se atrasa uns 20 minutos, um recurso eficiente é tentar dormir meia hora antes de modo a acordar meia hora antes e sair de casa meia hora antes. Não tente enfiar nesse tempo extra tarefas adicionais como passar roupa, telefonar ou resolver assuntos pessoais. O mais seguro é reservar um tempo adicional para fazer essas coisas.

MÁXIMA Nº 2 – Seja rigoroso e mantenha longe as pessoas que consomem o tempo de seu chefe.

Proteger o tempo do seu chefe é uma das tarefas mais importantes. Em qualquer ambiente de trabalho, existem pessoas que são vorazes consumidoras do tempo alheio. Elas costumam ignorar o fato de que você tem outras responsabilidades além de lhes dar o máximo de atenção. Pode ser um cliente que faz inúmeros pedidos e deixa o seu supervisor nervoso ou mesmo um colega que transforma uma dúvida simples em uma conversa de 20 minutos. É sua função reconhecer quem são essas pessoas e mantê-las longe.

Uma maneira de lidar com esse problema é encaminhar essas pessoas para os setores corretos, onde receberão a devida atenção. Se o amigo de um amigo está procurando emprego, ele pode ser encaminhado para o departamento de recursos humanos para fazer uma entrevista inicial, assim como o cliente exigente que tem mil dúvidas pode ser atendido por você e não por seu chefe.

Proteger seu chefe, e evitar que ele perca tempo com coisas e pessoas que não são de seu interesse, não significa comportar-se de maneira rude ou inflexível. Pelo contrário: os bons Guardiões agem como diplomatas. Você pode atender o representante de vendas, verificar se o produto ou serviço é vantajoso para a empresa e, então, marcar um horário ou educadamente dispensá-lo.

MÁXIMA Nº 3 – Crie sistemas fáceis de usar, para que todos possam encontrar o que buscam.

Muitas pessoas desenvolvem métodos para organizar arquivos, verificar o andamento de projetos, registrar contatos e classificar dados de modo que somente elas sabem como conseguir determinada informação. O ideal é criar sistemas que sejam fáceis de usar, especialmente por seu gerente. A idéia é que, se você estiver doente ou fora do escritório, o seu chefe ou seus colegas possam encontrar qualquer documento ou relatório sem demora.

Manter informações importantes catalogadas de forma impenetrável (seja de propósito ou acidentalmente) pode causar vários problemas. O seu gerente pode ter que gastar horas recriando um trabalho que já existe ou então acabar vasculhando os seus arquivos ou o seu computador na tentativa de achar o que precisa. Seja em papel ou formato eletrônico, o seu critério de arquivamento deve permitir que qualquer membro da equipe possa achar o documento.

MÁXIMA Nº 4 – Mantenha as informações confidenciais em segredo.

Essa postura indica quem é confiável ou não no trabalho. É sempre tentador revelar dados sobre salários, promoções, os problemas pessoais de alguém ou mudanças na política da empresa. Mas você precisa resistir e manter sigilo sobre tudo o que pode ser divulgado, se quiser ter a reputação de pessoa reservada.

Manter sigilo significa ser discreto a respeito das coisas que presenciar no ambiente de trabalho. E entender que, quando o seu supervisor lhe conta algo em segredo a respeito da situação de outro funcionário – seja algo positivo, como uma promoção, ou negativo, como uma demissão –, você não deve espalhar a novidade.

Talvez seja um desafio ficar em silêncio, principalmente diante de colegas curiosos, sempre farejando algo diferente no ar. Não é fácil manter a boca fechada, principalmente quando há informações escandalosas, envolvendo drogas, adultério ou extorsão. Mas, se você conseguir manter um comportamento austero, conquistará a reputação de uma pessoa confiável, de alguém que não pode ser subornado.

QUANDO UMA INFORMAÇÃO CONFIDENCIAL DEVE SER DIVULGADA

A atitude correta, quando alguém toma conhecimento de informações confidenciais que incluem atos antiéticos ou atividades clandestinas que podem prejudicar pessoas ou empresas, é informar os fatos a alguém que possa fazer algo a respeito. Não transforme o que sabe em mera fofoca.

MÁXIMA Nº 5 – Prometa pouco e faça muito.

Esse hábito fará com que você tenha uma reputação impecável. Por quê? Porque, infelizmente, as pessoas tendem a fazer o contrário: prometer demais e fazer de menos. A maioria sequer consegue completar suas tarefas no prazo por causa de obstáculos inesperados. Há casos em que o controle sobre os prazos é mesmo difícil, mas, muitas vezes, a incapacidade de prever atrasos e problemas faz com que você ou o seu chefe criem datas-limite impossíveis de ser cumpridas. Esse falso otimismo gera um clima ruim entre você e as pessoas que dependem do seu trabalho.

Da próxima vez que precisar definir um prazo para determinada tarefa, sugerimos que calcule o período de tempo que você considera necessário e o aumente. Se surgir algum problema, ainda terá um espaço de manobra para acomodar o atraso e, assim, manter a data de entrega. Se tudo correr bem, você terminará antes e deixará as pessoas agradavelmente surpresas.

TUDO SOBRE "GERENCIAMENTO PARA CIMA"

Sintoma: Você se sente insatisfeito com a falta de comunicação entre você e o seu supervisor.

Tratamento: Informe seu chefe sobre a necessidade de manter reuniões regulares com você.

Sintoma: Você se sente frustrado e negligenciado porque ninguém presta atenção nos seus problemas.

Tratamento: Compareça a todas as reuniões com uma pauta detalhada.

Sintoma: Você se sente infeliz por não ter controle sobre suas tarefas diárias; gostaria que seu trabalho fosse mais previsível.

Tratamento: Fique atento às mudanças de prioridades. Talvez isso não faça com que você possa prever seu dia de trabalho, mas pelo menos se sentirá mais no controle.

Sintoma: Você encara as perguntas sobre o seu trabalho como uma intromissão.

Tratamento: Esteja sempre preparado para dar feedback sobre o andamento dos seus projetos.

AS CINCO MÁXIMAS QUE IMPULSIONAM A SUA CARREIRA

Seja pontual ou chegue mais cedo para o trabalho – Você criará uma boa reputação e se tornará um profissional disputado.

Seja rigoroso e mantenha longe as pessoas que consomem o tempo de seu chefe – Você ganhará pontos se souber lidar com pessoas e situações difíceis.

Crie sistemas fáceis de usar, para que todos possam encontrar o que buscam – Você será visto como uma pessoa organizada e que dá autonomia aos outros.

Mantenha as informações confidenciais em segredo – Todo mundo o verá como alguém confiável e discreto.

Prometa pouco e faça muito – Você se destacará profissionalmente.

6

Chefes difíceis e radicais: como manter sua sanidade mental

Agora que você aprendeu a técnica de "gerenciamento para cima", vamos nos concentrar nos casos especiais. Este capítulo é dedicado às pessoas autoritárias que ocupam posições de comando e que são um desafio para qualquer colaborador.

Os chefes problemáticos podem ser divididos entre **difíceis** e **radicais**. Veja se o comportamento e a personalidade de seu chefe se encaixa nas categorias listadas abaixo:

- Você se sente manipulado por seu chefe?
- Você perde o sono por causa desse relacionamento difícil?
- Você exagera na bebida, comida ou nas drogas para compensar o estresse?
- Você se sente menos confiante desde que começou a trabalhar para essa pessoa?
- Você duvida de si mesmo e de sua competência?
- Você, às vezes, questiona sua sanidade mental?

CHEFE DIFÍCIL

Esse tipo de chefe age de acordo com o seu próprio conjunto de regras, mas não é malicioso por natureza – apenas limitado no campo psicológico. Ele age de acordo com uma crença ou temor predominante.

- **O Evasivo** – Sempre com medo dos confrontos, esse tipo evita toda e qualquer situação que possa desencadear uma reação negativa.
- **O Injusto** – Receoso de receber certas informações desagradáveis, esse tipo despeja sua fúria em quem lhe dá a má notícia.
- **O Intocável** – Uma figura carismática, mas preocupada com a possibilidade de ser tachada de incompetente.

CHEFE RADICAL

Os líderes que exibem comportamentos extremos colocam seus subordinados em situações desfavoráveis. Como são incapazes de ser compreensivos – exceto consigo mesmos –, eles tendem a tratar os outros com arrogância. Tirando algumas poucas exceções, trabalhar com esse tipo de chefe é sinônimo de problema.

- **O Egomaníaco Controlador** – Determinado e muito inteligente, esse tipo acredita que deve controlar tudo e todos a seu redor.
- **O Ausente** – Fisicamente ausente e emocionalmente distante, esse tipo de líder, no fundo, acha que a vida não lhe faz justiça e que merece muito mais do que possui.
- **O Impossível de Agradar** – Para esse chefe exigente e emocionalmente carente, a única função de sua equipe é servi-lo.
- **O Ladrão de Mérito** – Sua insegurança é crônica, assim como a inveja profissional. Esse tipo de chefe não vê nada de errado em assumir a autoria das boas idéias alheias.

Agora vamos descrever os sinais, sintomas e técnicas de libertação das armadilhas de um chefe difícil. Em seguida abordaremos as táticas para manter o equilíbrio mental diante do tipo mais letal de autoridade – o chefe radical.

NÍVEL 1: OS CHEFES DIFÍCEIS

O Evasivo

O chefe Evasivo teme qualquer tipo de interação que possa gerar alguma sensação de desconforto nele ou nas outras pessoas. Ele detesta lidar com os sentimentos de raiva, tristeza, histeria ou decepção dos outros. As emoções negativas o deixam inseguro. Por esse motivo, ele se esquiva, evita e contorna qualquer situação que possa desencadear críticas ou reclamações.

O tipo Evasivo pode testemunhar uma briga entre membros da sua equipe, mas o medo do confronto o impede de ter uma postura firme. Embora tenha autoridade para intervir, ele não faz nada.

Se você trabalha para um chefe desse tipo, já deve ter enfrentado o estilo "não conte comigo". A cena mais comum é quando você o aborda com uma reclamação a respeito de uma pessoa ou uma situação. Durante a conversa, ele até se mostra solidário, concorda que o problema precisa ser resolvido, mas, quando você pergunta o que ele vai fazer, o Evasivo responde que "vai ver o que pode fazer" ou que "vai pensar". Infelizmente, a disposição e a boa vontade só vão até o final da reunião. Depois disso, nada de concreto acontece.

Para administrar um chefe Evasivo, você precisa estar disposto a assumir o controle do processo e fazer o trabalho dele. Não espere que ele tome nenhuma iniciativa. Se você achar uma solução inteligente para o seu problema, ótimo – o Evasivo vai agradecer.

Sarah é coordenadora de eventos em um hotel quatro estrelas. Seu chefe, Ted, é o gerente-geral. Atualmente, Sarah está medindo forças com Alvin, o gerente do bufê. Sempre que um cliente pede uma modificação no cardápio de algum evento, Alvin se recusa a fazê-la. Sarah sabe que é possível, mas Alvin não está disposto a mudar nada.

Sarah então procura Ted e conta o seu dilema. "Meu trabalho como coordenadora de eventos é atender da melhor forma possível nossos clientes", começa ela, "mas não consigo fazer isso se o gerente do bufê se recusa a fazer a sua parte." Ted ouve atentamente o relato de suas discussões com Alvin. Não é a primeira vez que Alvin é alvo desse tipo de reclamação.

Ted diz a Sarah que ela tem razão e que Alvin não deve questionar os pedidos de um cliente. "Não se preocupe", ele a tranqüiliza. "Eu sei como lidar com Alvin. Vou resolver o problema." Depois de quatro meses esperando que Ted faça alguma coisa, Sarah percebe que está desperdiçando seu tempo. E começa a libertar-se da armadilha.

Libertar-se fisicamente da armadilha: Depois do trabalho, Sarah faz uma massagem para liberar a tensão acumulada em seus embates com o chefe omisso e o colega rabugento.

Libertar-se mentalmente da armadilha: Ao chegar a casa, ela pega um bloco e faz uma lista com todas as etapas do problema:

- O que está acontecendo? *Trabalho com uma pessoa (Alvin) resistente a mudanças. E o meu chefe não quer confrontá-lo a respeito disso.*
- Quais são as circunstâncias? *Meu trabalho requer que eu atenda os clientes e implemente as mudanças que eles pedirem. Alvin se recusa a fazer as mudanças que peço. Quando reclamo com Ted, ele promete interferir a meu favor, mas não faz nada.*
- Qual é o papel de Alvin? *Alvin está sendo pouco cooperativo.*

- Qual é o papel de Ted? *Ted não está agindo para resolver a situação.*
- Qual é o meu papel? *Fico esperando que Ted cobre de Alvin um novo comportamento, mas a verdade é que ele nunca confronta ninguém.*
- Quais são as minhas opções? *Posso continuar esperando pela mediação de Ted ou tratar de arranjar uma solução para o problema.*

Libertar-se verbalmente da armadilha: Sarah procura Ted e propõe o seguinte: "Eu pensei numa saída, mas preciso que você esteja presente na reunião que marquei com Alvin."

Libertar-se da armadilha usando as regras do trabalho: Antes da reunião, Sarah cria um novo formulário de serviço que registra todas as mudanças exigidas pelo cliente. O pulo do gato é que o documento precisa da aprovação de Ted, com assinatura, data e hora. Dessa forma, Ted fica oficialmente avisado das mudanças exigidas pelos clientes e Alvin não pode alegar que as alterações pedidas por Sarah não foram aprovadas por Ted. Todos concordaram.

O Injusto

O chefe Injusto reage mal a certas informações desagradáveis e acaba "matando o mensageiro", em vez de buscar o verdadeiro responsável pela notícia que o fez sentir-se indefeso ou inútil. A maioria é muito confiante em certos assuntos e muito insegura em outros. Os temas que podem levar um chefe Injusto a descarregar sua ira de forma irracional são:

1. Dinheiro: principalmente notícias referentes a lucros menores, despesas crescentes, fluxo de caixa em baixa ou falta de crédito na praça.

2. Colaboradores: relatos a respeito de problemas de comportamento, faltas, alta rotatividade e reclamações em geral.
3. Produção: alertas sobre equipamento com defeito e atrasos na produção e distribuição.
4. Vendas: quedas no faturamento ou mudanças no mercado.

Se você for o responsável por informar seu supervisor de temas que ele considera intensos e preocupantes, vai sofrer as conseqüências.

A primeira fase do comportamento de um chefe Injusto é a tentativa de adiar ao máximo o recebimento de informações desagradáveis. Quando você finalmente consegue marcar uma reunião e apresentar os fatos, o problema já estará duas vezes maior. Ele então vocifera e o acusa de ocultar informações importantes. Você sai da sala magoado, zangado e sentindo-se injustiçado, pois está apenas tentando fazer o seu trabalho – mas o seu chefe se recusa a tratá-lo de maneira razoável.

Os chefes Injustos são Evasivos disfarçados. Eles evitam notícias sobre falta de dinheiro, problemas com a equipe e atrasos na produção porque não sabem como processar essas informações. É como pedir que uma pessoa analfabeta leia um mapa. Para camuflar a sensação de insegurança, ele grita com quem traz a informação desagradável.

Sabendo que o seu chefe sofre dessa síndrome, mude a abordagem. Passe a insistir na realização de reuniões regulares. Dessa forma você pode desarmar suas defesas e diluir as notícias, de modo que ele possa digeri-las sem maiores traumas. Você se torna um misto de educador e informante, na medida em que ensina ao chefe Injusto como ele deve interpretar e usar, de maneira construtiva, a informação que você lhe apresenta. O essencial é fazê-lo decretar uma trégua e então absorver o conteúdo da mensagem.

Jeff é contador de uma empresa de perfumes. Ele se encontra em uma posição desconfortável, pois precisa dar uma notícia difícil sobre a situação financeira da empresa à sua chefe, Carmen. Durante semanas, Jeff tenta marcar uma reunião com Carmen, que é também a proprietária, mas os compromissos são sempre cancelados. Primeiro, ela precisa resolver um problema na produção. Depois, um comprador importante está na cidade e acaba monopolizando o seu tempo. E, finalmente, ela precisa sair mais cedo para pegar as crianças na escola.

A verdade é que Carmen sempre encontra uma desculpa para adiar suas reuniões com Jeff. Quando ele diz: "Precisamos ter uma conversa importante sobre a situação financeira da empresa", Carmen responde: "Eu sei, mas eu tenho 20 assuntos importantes diferentes todos os dias."

Quando Jeff finalmente consegue falar com Carmen, está frustrado e preocupado. Afinal, a situação que os números revelam é preocupante. As vendas estão baixas, os gastos nas alturas e eles devem mais de US$ 250 mil só em comissões aos vendedores.

Carmen reage à notícia gritando com Jeff: "Como isso foi acontecer? Por que você não falou comigo antes? Qual o seu plano para a situação? Como a gente sai dessa?" De repente, Jeff se transforma no problema. E recebe a culpa pela crise financeira da empresa.

Libertar-se fisicamente da armadilha: Jeff passa o fim de semana na casa que seu pai tem perto de um lago e vai pescar. O contato com a natureza o relaxa, libera os sentimentos ruins causados pela cobrança de Carmen.

Libertar-se mentalmente da armadilha: Enquanto espairece pescando, Jeff faz uma avaliação da situação:

- O que está acontecendo? *Passei várias semanas tentando alertá-la da difícil situação financeira da empresa. Quando finalmente consegui, ela gritou comigo.*
- Quais são as circunstâncias? *O negócio está passando por dificuldades. Ela não entende a situação atual da empresa e parece estar com medo disso. Ela me culpa pelos problemas financeiros.*
- Qual é o papel dela? *Ao me evitar, Carmen se esquiva das informações desagradáveis. Quando eu finalmente apresento o cenário, ela me culpa pelas más notícias.*
- Qual é o meu papel? *Eu permito que Carmen me evite e cancele as reuniões. Eu poderia ter insistido mais para falar com ela.*
- Quais são as minhas opções? *Reconheço que Carmen está com medo de encarar a crise. Ela se sente confusa com conversas a respeito de gastos, vendas, fluxo de caixa, lucro e prejuízo. Se ela estiver disposta a aprender, posso ensiná-la a interpretar os relatórios financeiros e ajudá-la a achar uma saída para os problemas. Ela só precisa parar de evitar as informações importantes.*

Libertar-se verbalmente da armadilha: Quando Jeff volta de seu fim de semana no lago, ele procura Carmen e diz o seguinte: "Eu quero ajudá-la a melhorar a situação financeira da empresa, mas só posso fazer isso se tivermos reuniões regulares para analisar os fatos. Prometo fazer relatórios curtos e fáceis de entender."

Libertar-se da armadilha usando as regras do trabalho: Com a realização de reuniões semanais com Carmen, Jeff dá início ao "gerenciamento para cima". Como ele havia prometido, os encontros são breves e os relatórios resumidos e fáceis de entender. Ele repassa cada item, certificando-se de que ela entende o que os números representam. Assim que Carmen se sentir mais à vontade com as finanças da empresa, Jeff pode passar a enviar os relatórios por e-mail.

O Intocável

Sabe aquelas pessoas que foram promovidas por causa do tempo de casa, da lealdade, das conexões ou dos laços de família? Pois é, em geral, são tipos amáveis, que não chamam muita atenção e tomam cuidado para se encaixar nas normas da empresa. Como não causam problemas, nunca há um motivo para despedi-los.

Com o tempo, o Intocável chega a posições para as quais ele não tem competência. Ele não apenas ignora como o trabalho deve ser feito como não tem a menor idéia de como administrar as pessoas sob sua gerência. Para evitar ser "descoberto", o Intocável faz o possível para manter as coisas como estão.

Se você trabalha para esse tipo de chefe, provavelmente já se sentiu extremamente frustrado. É claro que você não recebe nenhuma diretriz, dica ou apoio para realizar o seu trabalho. Como ele tem medo de chamar a atenção, é resistente a todo tipo de mudança. As idéias inovadoras que você apresenta para melhorar o setor, aumentar a rentabilidade ou introduzir novos sistemas são prontamente repelidas. Resultado: com o tempo, você passa a odiar essa pessoa porque ela impede o seu crescimento profissional.

A chave para se lidar com um chefe Intocável é dar o que você acha que ele não merece – sua admiração e respeito. Não dá para fugir: ele é o seu chefe. E chegou a essa posição devido a fatores que estão fora do seu controle. Se você quer seu apoio, precisa tratá-lo com respeito e dar a impressão de que "veste a camisa" do departamento. Mas, se você o tratar com desprezo, não tenha dúvidas: ele irá atrapalhar sua carreira. Como pessoa de confiança da empresa, ele sempre ganha.

Miles foi recentemente contratado como designer de um museu histórico. Seu chefe, Phil, é gerente das exposições especiais. Miles está muito animado e cheio de idéias inovadoras. Como trabalhava em um museu menor, ele encara o novo emprego como uma oportunidade para criar exposições sofisticadas e culturalmente relevantes.

No começo, Phil recebe Miles de modo amigável. Mostra-lhe o museu, explica quem está encarregado do quê e o apresenta aos outros membros da equipe. Phil parece estar envolvido em tudo. Com o tempo, no entanto, Miles percebe que Phil é um chefe ausente. Durante seis meses Miles lhe manda e-mails com novas idéias, deixa artigos em sua mesa e apresenta vários modelos de exposição. Mas Phil raramente responde às coisas que Miles lhe envia. Quando os dois finalmente se encontram, Phil rejeita todas as idéias de Miles, dizendo: "Não acho que o nosso diretor vá apreciar esse tipo de coisa."

Frustrado e cansado de apresentar novas idéias para o museu, Miles se conforma a lidar com os projetos já existentes. E percebe que seu chefe não tem a habilidade ou a disposição necessária para fazer algo inovador. Fica óbvio que trabalhar com Phil está matando a criatividade de Miles.

Libertar-se fisicamente da armadilha: Determinado a descobrir uma solução para o seu problema, Miles sai para jogar basquete com um amigo do trabalho. Ele joga, sua e libera a frustração acumulada.

Libertar-se mentalmente da armadilha: Depois do jogo, ele avalia sua situação:

- O que está acontecendo? *Trabalho para um sujeito que parece estar determinado a manter o status quo.*
- Quais são as circunstâncias? *Embora seja meu supervisor, Phil quase não tem experiência com a área de design de ex-*

posições. Ainda assim, ele não quer tentar nada novo. Esse tipo de atitude limita minha criatividade.

- Qual é o papel dele? *Phil parece não querer crescer profissionalmente. Ele se sente ameaçado sempre que apresento minhas idéias.*
- Qual é o meu papel? *Esperar que ele mude ou pedir demissão. Eu o considero uma pessoa inútil, que só atrapalha.*
- Quais são as minhas opções? *Se eu examinar a situação com clareza, tenho que admitir que Phil não vai mudar. Ele está ali há 20 anos e não parece querer se aposentar. Posso ficar ressentido com seu comportamento ou posso aceitar sua presença e tentar trabalhar com ele de alguma maneira. Se eu decidir trabalhar com ele, a melhor tática é demonstrar respeito e gratidão. Quanto menos eu ameaçar seu poder, melhores serão minhas chances de emplacar um projeto.*

Libertar-se verbalmente da armadilha: Miles vai até Phil e diz: "Eu gostaria de almoçar com você um dia desses e saber mais sobre as suas realizações profissionais." Ele também adquire o hábito de conversar com Phil sobre seus interesses, tanto dentro quanto fora do trabalho.

Libertar-se da armadilha usando as regras do trabalho: Depois de conversar com Phil algumas vezes, Miles descobre que seu chefe sempre quis fazer uma exposição realmente inovadora sobre a história dos índios norte-americanos. Miles faz uma proposta para uma exposição sobre o tema, enfatizando o desejo de receber o mérito juntamente com Phil. Miles reconhece que, se estiver disposto a deixar que Phil leve parte do crédito, o projeto tem chance de ser levado adiante. Quando os dois se reúnem com os outros setores, Miles sempre enfatiza a contribuição de Phil para a exposição.

Chefes radicais – a Atração Fatal do "gerenciamento para cima"

Existe um tipo de chefe tão difícil de lidar que recomendamos encará-lo como uma relação tipo Atração Fatal. Ou seja, o começo do relacionamento pode até ser muito agradável, mas esse clima logo se desintegra e vira um pesadelo.

Esse tipo age de maneira radical e faz com que os outros reajam com a mesma intensidade. Em geral, sua personalidade é tão difícil que ninguém consegue se sentir competente enquanto estiver trabalhando para ele. Se você reagir às coisas que um chefe radical diz e faz, provavelmente vai experimentar um turbilhão emocional todos os dias. O problema é descobrir como sair dessa montanha-russa.

Como uma típica relação Atração Fatal, o chefe radical pode atraí-lo para uma armadilha: você fica tentando criar um final feliz para aquela situação que inicialmente prometia tanto. Afinal, quem não quer ser a pessoa que conseguiu domar o radical de carteirinha? Você gostaria que seu chefe...

- confiasse em você.
- fosse presente em seu dia-a-dia.
- respeitasse sua experiência profissional.
- apreciasse os seus esforços.

Para lidar melhor com um chefe radical você precisa revisar os conselhos dados no Capítulo 4 (sobre as relações tipo Atração Fatal) e aplicar as técnicas avançadas para se libertar das armadilhas. Eis um resumo do que foi dito:

OS SETE ESTÁGIOS DE UMA RELAÇÃO TIPO ATRAÇÃO FATAL

1. **Magnetismo.** Você se sente atraído pela outra pessoa, quase que forçado a investir no relacionamento.
2. **Esgotamento.** O relacionamento consome a sua energia e o seu tempo cada vez mais. Você não consegue parar de pensar nele, dia e noite.
3. **Ensaio e recuperação.** Você gasta muito tempo preparando-se para as interações com essa pessoa e recuperando-se delas.
4. **Obsessão com a conversão.** Você fica obcecado em fazer com que a outra pessoa mude.
5. **Azia pós-interação.** As interações com essa pessoa deixam você com indigestão emocional.
6. **Reação alérgica.** Você começa a apresentar reações físicas à outra pessoa: dores de cabeça, tiques nervosos, náuseas, tensão nos ombros e no pescoço, espasmos nas costas, etc.
7. **Prisão.** Você não consegue encontrar uma saída, uma solução; sente-se numa armadilha, numa situação em que não consegue vencer.

OS QUATRO PASSOS PARA SE LIBERTAR DE UM CHEFE RADICAL

Detectar o problema: Identificar que você está preso na armadilha de uma relação tipo Atração Fatal e que ela está lhe trazendo problemas.

Distanciar-se emocionalmente: Aceitar o fato de que você não conseguirá mudar a outra pessoa.

Despersonalizar a questão: Aprender a não levar para o lado pessoal o comportamento da outra pessoa.

Lidar com a situação: Elaborar um plano para se proteger e administrar o relacionamento.

NÍVEL 2: OS CHEFES RADICAIS

O Egomaníaco Controlador

Figura muito comum nas empresas que são construídas sobre o sucesso e as realizações de uma única pessoa, o Egomaníaco Controlador costuma ser extremamente inteligente e muito ambicioso. Esse personagem freqüentemente concebe e administra empresas que possuem uma doutrina e missão muito poderosas.

Sempre amigável e gentil com as pessoas que podem favorecê-lo, o Egomaníaco Controlador deixa muito claro que a empresa, instituição ou departamento que ele controla é o palco do seu show. Seu ego gigantesco exige grandes doses de admiração e *controle total.*

Muitas vezes o Egomaníaco Controlador personifica o chamado "sonho americano" – vencer na vida por seus próprios méritos. Talvez ele tenha passado por uma situação familiar difícil, ou sobrevivido à pobreza e trabalhado duro para subir na vida, mas seu desembaraço e incrível empenho acabaram colocando-o em uma posição de poder e liderança.

Uma característica que define esse tipo de pessoa é a fome insaciável por fama, reconhecimento e status. Isso explica sua tendência de exagerar as próprias capacidades e realizações, e o desejo de agradar qualquer pessoa – jornalistas, patrocinadores, políticos – que possa acrescentar algo à sua reputação.

Embora a personalidade de um Egomaníaco Controlador seja, em geral, carismática e atraente, trabalhar para ele se torna um imenso desafio. Ele costuma ser detalhista, não sabe delegar tarefas e não suporta críticas. Apresente qualquer proposta e ele a rasgará em pedacinhos, sem perder a oportunidade de lhe dar uma nota baixa, como se você fosse um estudante com problemas de aprendizado.

Esse tipo de chefe mantém o poder e o controle desqualificando qualquer iniciativa que não seja dele. Se você trabalhar para um Egomaníaco Controlador, prepare-se para ouvir uma bateria de perguntas, ter suas decisões canceladas e ser criticado por cada erro que cometer. Ele precisa provar sua incompetência, de modo a confirmar sua posição de soberano incontestável.

Um dos sinais de que seu chefe é um Egomaníaco Controlador é a alta rotatividade dos funcionários. Como ele é muito exigente, as pessoas vão e vêm com muita rapidez. Ninguém pode brilhar mais do que ele.

O Dr. Dumont é fundador de uma organização internacional de saúde. Ele recentemente entrevistou e contratou Robert para chefiar a área de informática da instituição. O objetivo é atualizar todos os sistemas ao longo dos próximos dois anos.

No começo, Robert está motivado com a oportunidade. Ele acredita no lema desse respeitado profissional: acabar com a desnutrição no mundo. Além disso, o médico justificou sua contratação de uma forma inspiradora: "Eu conto com você para nos levar ao século XXI."

Robert tem a missão de substituir os softwares e sistemas ultrapassados e, com isso, aumentar a eficiência na captação de verbas e também no atendimento às pessoas. Ele começa pelo programa que a organização utiliza para coordenar os patrocínios. Ele acredita que substituir esse produto poderá multiplicar imediatamente a captação.

Depois de algumas horas de pesquisa, Robert encontra um programa que é capaz de processar, rastrear e segmentar os pedidos de doação, além de produzir relatórios e análises dos resultados. Quando entrega a proposta sobre o novo software, o médico encontra inúmeras falhas – incluindo os erros de digitação no documento que Robert entregou. "É caro demais, complicado demais. Volte ao trabalho e encontre algo que tenha realmente valor." Robert fica per-

plexo. "Mas esse programa tem todas as características que o senhor queria", pensa ele.

Depois de pesquisar ainda mais, ele descobre outras opções. Ao ligar para marcar outra reunião com o Dr. Dumont, este insiste para que Robert se reúna primeiro com os membros do comitê consultivo. "Veja qual é a opinião deles sobre a sua proposta", insiste o doutor. "Depois volte a falar comigo."

Robert demora meses para conseguir falar com cada um dos membros do comitê. Depois de incorporar as sugestões deles, ele prepara mais uma proposta para o Dr. Dumont. "Parece bom", admite o doutor. "Agora nós só precisamos levantar fundos para pagar o programa."

Robert suspira, frustrado, e tenta convencer o médico: "Dr. Dumont, pela minha experiência, sei que vale a pena investir nesse software agora. Ele vai se pagar rapidamente, pois agilizará o levantamento de fundos." Não consegue. "Não me diga como devo gastar meu dinheiro", responde o Dr. Dumont. Com essa deixa, Robert sai do escritório. "Quando instalarmos esse negócio, já vai estar obsoleto", resmunga.

Depois de algumas semanas, o Dr. Dumont concorda em comprar e instalar o programa. E pede que Robert organize uma reunião com a equipe para apresentar o novo software. Mas ele mesmo chega meia hora atrasado para a apresentação, e interrompe Robert com comentários depreciativos, como: "Não vejo como isso possa funcionar" e "Tem certeza de que esse é o mesmo software que escolhemos?"

Seis meses depois, Robert ainda está tentando implementar o novo programa. Não é para menos. Quando o chefe se dedica a criar obstáculos, todo mundo cria resistências às mudanças. Ao mesmo tempo, o Dr. Dumont critica Robert por sua incapacidade de completar esse único projeto.

Para lidar com seu chefe radical, Robert emprega a mesma técnica avançada de libertar-se de armadilhas explicada no Capítulo 4.

Detectar o problema: Desesperado para sair dessa situação, Robert começa a tentar entender o comportamento do Dr. Dumont. Ele procura o antigo gerente de informática da organização e marca uma reunião na hora do almoço. À medida que Robert descreve sua situação, seu predecessor abre um sorriso solidário: "O Dr. Dumont precisa controlar tudo. Ele precisa da sua experiência, mas, ao mesmo tempo, o encara como uma ameaça. Escreva o que estou lhe dizendo: você não vai conseguir conquistá-lo." Robert finalmente admite que está lidando com um Egomaníaco Controlador. Ao analisar os estágios de uma relação tipo Atração Fatal, ele percebe que já está entrando no quinto: a azia pós-interação. As conversas com seu chefe o deixam nauseado, derrotado e desanimado. Ele dorme mal e se empanturra de comida pouco saudável. Como o Dr. Dumont questiona tudo o que ele faz, Robert está começando a duvidar de suas próprias habilidades.

Distanciar-se emocionalmente: À medida que aceita o fato de seu chefe ser um Egomaníaco Controlador, Robert começa a relaxar. Ele compreende que suas tentativas de apresentar um projeto de renovação na área de informática continuarão a ser boicotadas. Embora seu chefe *diga* que precisa de um upgrade nos sistemas de informação, ele não tolera pensar que alguém saiba mais do que ele sobre algum assunto em sua instituição. De uma maneira ou de outra, ele irá minar a capacidade de Robert.

Despersonalizar a questão: Robert faz um inventário de suas realizações profissionais anteriores: "Eu já criei e implementei muitos sistemas de informação. O que está acontecendo não tem nada a ver com a minha capacidade." Ele tenta ser compreensivo com o Dr. Dumont, pois entende que este se sente compelido a controlar, manipular e menosprezar as pessoas que trabalham para ele. "Ele já fazia isso antes de eu trabalhar aqui e vai continuar a fazer quando eu sair", pensa consigo mesmo.

Lidar com a situação: Por enquanto, Robert continua tentando aprovar seu projeto de atualização dos sistemas de informática. Já não fica mais surpreso ou indignado quando o Dr. Dumont o critica ou menospreza suas sugestões. Ele sabe que o chefe sofre de um transtorno psicológico. E aproveita para atualizar seu currículo e começar a procurar um novo emprego.

O Ausente

Existe um tipo de chefe que não se envolve com o dia-a-dia da empresa. Ele não lida com as reclamações dos clientes, não presta atenção nas finanças e não cobra dos funcionários responsabilidade por seus atos.

Os líderes do tipo Ausente não se importam com a empresa ou com o setor que gerenciam porque, no fundo, seus interesses são outros. As razões para esse comportamento são muitas. Eles podem estar se preparando para a aposentadoria, tentando lançar outro negócio, enfrentando uma doença ou vício, ou mesmo entusiasmados com alguma causa política.

Qualquer que seja o motivo do distanciamento, esse tipo de chefe investe seu tempo e atenção apenas *nele*, não no trabalho. Para compensar o vazio gerencial, todo mundo toma decisões que deveriam ser de sua responsabilidade. Um operador de máquinas, por exemplo, pode acabar tendo que coordenar toda a linha de produção.

Com o passar do tempo, a falta de participação e de liderança acaba fazendo com que o ambiente de trabalho seja voltado apenas para a sobrevivência. Como não há ninguém no comando, cada colaborador estabelece seu próprio território e improvisa suas próprias regras. E a empresa sofre com a negligência.

Vanessa é gerente de um restaurante familiar chamado Bonnie's TexMex. Monica herdou o negócio quando a mãe, Bonnie, se aposentou e decidiu ir morar na Flórida. Infelizmente, Monica não tem nenhum interesse no negócio. Ela prefere ser estilista de moda.

Vanessa gostava de trabalhar para Bonnie. Sob sua liderança, o restaurante tinha uma aura familiar – cada refeição era preparada com cuidado, a clientela era fiel e considerava o restaurante seu segundo lar. Trabalhar com Monica é uma experiência bem diferente. Para começar, ela raramente aparece. Com isso, Vanessa foi assumindo algumas responsabilidades a mais. Ela passou a coordenar as reservas, planejar o menu e gerenciar os horários dos funcionários – tudo o que Bonnie fazia com empenho e alegria. Mas, ao perceber que Monica se recusa a assumir a gerência em suas noites de folga, ela começa a se sentir cada vez mais frustrada e alarmada.

Depois de três meses, os funcionários e o restaurante começam a sentir que as coisas mudaram – e para pior. Como Monica nunca paga as contas na data certa, vários fornecedores pararam de entregar os alimentos. Com o estoque desfalcado, o chef fica irritado, discutindo com todos. Nas noites em que Vanessa tem folga e Monica não aparece, a cozinha e os garçons brigam entre si, o que faz com que os clientes reclamem da má vontade de alguns funcionários. A reputação do Bonnie's TexMex começa a cair.

Quando Vanessa a informa a respeito dos fornecedores zangados e dos clientes que reclamam, Monica implora a Vanessa: "Será que você não pode lidar com isso?" "Estou cansada de ouvir a respeito disso." Em seis meses, Monica aparece apenas sete vezes, sendo que cada visita consiste em entrar correndo, assinar alguns cheques e sair correndo de novo. Vanessa começa então o processo avançado de libertar-se da armadilha.

Detectar o problema: Cada vez mais frustrada e exausta com a situação, Vanessa tenta encarar os fatos. Como é a única pessoa que sabe gerenciar esse restaurante, se sente na obrigação de salvar o negócio. Ao mesmo tempo, ela sabe que o comportamento relapso da dona quanto aos pagamentos e às reclamações dos clientes destrói a reputação do restaurante. Ela percebe que, embora não seja a dona, está agindo como tal. A verdadeira dona, Monica, não parece se importar com as conseqüências de sua negligência. Ela prefere ficar elaborando sua nova coleção de roupas para o outono/inverno. Vanessa descobre que está trabalhando para uma chefe Ausente e estima que está no sétimo estágio de uma relação tipo Atração Fatal: a prisão. Fisicamente, ela está sempre cansada, além de sofrer de insônia, dores no pescoço e náuseas constantes.

Distanciar-se emocionalmente: Vanessa percebe que, ao assumir as responsabilidades de Monica, não contribuiu em nada para resolver a situação. Como típica chefe Ausente, Monica deixa que a outra pessoa lide com as conseqüências de seu próprio comportamento. Vanessa decide experimentar uma nova abordagem. Quando os fornecedores ligam perguntando sobre o pagamento das faturas, ela dá o número do celular de Monica. Quando os clientes reclamam das más condições do restaurante, Vanessa anota suas reclamações e as envia por e-mail para Monica. Ou seja, ela pára de tentar compensar a ausência de Monica.

Despersonalizar a questão: Vanessa tenta analisar o comportamento de Monica de uma forma objetiva. Ela começa a aceitar o fato de que Monica herdou um negócio que não queria, por insistência da mãe. Bonnie poderia ter vendido o restaurante para alguém interessado em expandir o negócio. Vanessa compreende que ela e os outros funcionários do Bonnie's TexMex estão envolvidos numa briga entre mãe e filha. "Tenho certeza de que esta não é a primeira vez que Monica se rebela contra os desejos da mãe, e não será a última." Com isso em mente, Vanessa aprende a não levar para o lado pessoal a postura ausente de Monica.

Lidar com a situação: À medida que Vanessa aceita o fato de que tem uma chefe Ausente, ela sabe que o comportamento de Monica provavelmente não irá mudar. Vanessa pode ajudar aqui e ali, mas precisa admitir que não é sua responsabilidade salvar o restaurante. Se o Bonnie's TexMex fechar, não será por culpa sua. Seu trabalho é manter a chefe informada a respeito do andamento dos negócios. Enquanto isso, Vanessa pode começar a procurar um novo emprego num restaurante que tenha uma direção mais eficiente.

O Impossível de Agradar

Semelhante ao Egomaníaco Controlador, o Impossível de Agradar pode deixar você louco. Gentil no começo do relacionamento, ele não se cansa de elogiar seu grande talento e potencial infinito. De repente, os elogios param e você percebe que nada que faz é bom o bastante. O motivo da mudança é simples: seu chefe superexigente é impossível de agradar.

O chefe Impossível de Agradar tem duas características:

1. É emocionalmente carente. Ele quer o seu tempo, sua atenção e sua lealdade eterna.
2. É muito detalhista e sempre encontra falhas em seu trabalho. Se você fizer uma apresentação sensacional e errar a pronúncia de uma única palavra, o Impossível de Agradar vai se concentrar nesse erro específico.

Se você trabalha para um chefe radical, provavelmente já passou pelas seguintes fases: a primeira é o esforço para ser elogiado e reconhecido – o chefe Impossível de Agradar não vê nenhum problema em pedir projetos em prazos tão curtos que a única solução é alongar a jornada de trabalho, inclusive nos fins de semana. A maioria das pessoas costuma fazer esse trabalho "extra" na tentativa de impressionar e demonstrar o seu comprometimento. O que elas não percebem é que, para esse tipo de chefe, as horas extras e o trabalho nos dias de folga são meros procedimentos-padrão.

A segunda fase se caracteriza pela percepção de que nada do que você faz é considerado bom. Em uma lista de 20 tarefas, seu supervisor sempre se concentra na única que você não terminou. Mesmo quando você chega na hora certa para uma reunião, ele comenta, sarcástico: "Pensei que você nunca ia aparecer." Conforme seu desempenho continua a ser alvo de críticas negativas e comentários depreciativos, você começa a ficar ressentido e na defensiva.

Na terceira fase, você fica cada vez mais frustrado e desmotivado. Ninguém suporta ser constantemente corrigido, rejeitado e criticado em tudo o que faz. "Eu dou duro para agradar", você reclama. "Por que nunca é o bastante?"

Payton trabalha como representante de uma empresa de transporte especializada em caminhões frigoríficos. Os veículos transportam queijo, ovos e outros produtos da indústria de laticínios. A chefe de Payton, Elaine, o escala para tentar salvar o relacionamento com um cliente insatisfeito. Como houve um atraso na entrega de seus produtos para uma grande rede de supermercados, ele está pensando em desistir dos serviços deles. Detalhe: esse produtor é o terceiro maior cliente da empresa.

Sua irritação é compreensível, mas, depois de uma longa conversa e uma pequena redução no preço, Payton final-

mente consegue renovar o contrato por mais seis meses. Ele retorna ao escritório exultante com o bom resultado. Quando entrega o contrato assinado, no entanto, ele ouve reclamações em vez de elogios: "Você só conseguiu um contrato para seis meses?", diz Elaine, fechando a cara. "Você devia tê-lo feito assinar um contrato de um ano." Payton fica perplexo, sem reação. "Eu acabo de salvar uma conta de meio milhão de dólares e ela reclama da duração do contrato." Ele sente a face arder e uma onda de calor percorrer o corpo: "Qual é o problema dela?!"

Payton começa a usar as técnicas avançadas para se livrar da armadilha.

Detectar o problema: Ao avaliar sua situação, Payton admite que trabalhar com Elaine não está sendo nada fácil. Ela parece determinada a minar sua confiança, em vez de motivá-lo. Payton se sente desanimado sempre que participa de reuniões com ela. Quando analisa o estágio da relação tipo Atração Fatal, ele supõe que esteja no terceiro – ensaio e recuperação –, pois percebe que está sempre ruminando e relembrando as conversas que tem com ela. Mesmo quando ela não está presente, ele se defende mentalmente e suas costas doem e seu pescoço fica rígido. O que quer que faça, nunca está bom o suficiente. Elaine é a típica chefe Impossível de Agradar.

Distanciar-se emocionalmente: Payton faz uma avaliação dos últimos seis meses de trabalho. E precisa admitir que ela sempre reclamou dos resultados, mesmo que aparentemente eles fossem ótimos. Seu hábito de direcionar sua atenção apenas para as falhas não mudará com o tempo. Embora Payton faça um excelente trabalho, ela provavelmente nunca reconhecerá isso.

Despersonalizar a questão: Payton percebe que Elaine não se comporta dessa forma hipercrítica e exigente só com ele. Ela se dedicava a encontrar falhas no trabalho dos outros muito antes que ele entrasse em cena. Não é nada pessoal. O jeito é aprender a ter outras fontes de reconhecimento e apreço.

Lidar com o problema: Payton decide continuar trabalhando para Elaine enquanto pesquisa outros empregos. Da próxima vez que ela pedir algo que não faz parte de suas obrigações, ele vai pensar duas vezes antes de aceitar a tarefa. Se achar que se trata de algo proveitoso do ponto de vista profissional, ele topará. Do contrário, dirá a Elaine que não pode ajudá-la – e enfrentará as conseqüências.

O MELHOR DO PIOR

Embora seja incapaz de elogiar ou reconhecer o trabalho dos outros, o chefe Impossível de Agradar pode lhe proporcionar oportunidades para atuar em projetos interessantes e para crescer profissionalmente. Algumas pessoas conseguem trabalhar com esses líderes por um longo tempo. O segredo está em estabelecer limites, determinar quanto do seu tempo você está disposto a ceder e definir o escopo de atividades que deseja desempenhar. Você pode passar horas tentando atender uma solicitação e seu chefe desagradável sempre achará mais alguma pendência. É preciso estar determinado a desapontar esse tipo de gerente quando não puder corresponder a seu padrão ideal.

O Ladrão de Mérito

O último chefe radical da lista é aquele que se delicia em roubar o crédito das idéias dos outros. Esse ladrão corporativo vai alegar que você faz parte da equipe e que suas contribuições são cruciais para o sucesso do time. Você será encorajado a partilhar e desenvolver suas sugestões brilhantes, e levado a acreditar que o seu esforço e genialidade serão recompensados.

Então, sem que você perceba, o Ladrão de Mérito divulgará suas propostas como se fossem dele. Caso você questione o fato de ele não ter reconhecido a autoria do projeto, o Ladrão de Mérito vai tentar justificar ou negar suas ações. E você termina se sentindo usado, manipulado e furioso.

"Eu sabia que a idéia era ótima, e meu chefe também, mas eu jamais imaginaria que ele a assumiria como sua", choraminga Marge, a criativa assistente de marketing de uma revista de fitness. No começo, ela ficou muito motivada com a chance de trabalhar com Andy, um ex-personal trainer de celebridades que havia se tornado um respeitado especialista em marketing e vendas.

Animada e disposta a agradar, Marge sugeriu um projeto em parceria com uma fábrica de suplementos dietéticos. A idéia era criar uma coluna exclusiva para esses produtos na revista, o que renderia uma boa receita publicitária e um aumento de tiragem, pois o fabricante reservaria 500 mil exemplares para distribuir entre seus clientes.

Sem perder tempo, Andy implementou a idéia de Marge e o resultado final foi o acréscimo de 100 mil novos assinantes. Depois do enorme sucesso da campanha, o editor-executivo da revista se reuniu com Andy e Marge para agradecer. "Essa deve ser a parceria mais bem-sucedida que já fizemos", disse o editor. "Fico muito feliz por você estar satisfeito com os resultados", respondeu Andy. "É sempre bom quando uma das minhas idéias consegue incrementar as vendas de assinaturas." Marge ficou perplexa diante da desfaçatez de seu chefe.

Até aquela reunião, tudo estava bem. Andy tinha encorajado seu trabalho, dizendo coisas como: "Nós somos uma óti-

ma equipe" e "Aprecio o seu entusiasmo". Ela não tinha nenhum motivo para acreditar que ele roubaria uma idéia sua.

Ao reclamar com uma colega que ele não havia mencionado seu nome e tinha fingido que a idéia era dele, tem a confirmação de que a atitude de Andy não era uma novidade: "Bem-vinda ao mundo de Andy", responde a colega. "Ele assume a autoria de todas as boas idéias que surgem nessa empresa."

Marge dá início às técnicas avançadas para se livrar dessa armadilha.

Detectar o problema: Depois de uma semana aguardando que Andy reconhecesse seu erro, Marge percebe que ele não sente nenhum remorso. Ela chega à conclusão de que está trabalhando para um Ladrão de Mérito. E mais, que está no segundo estágio do processo: o do esgotamento, no qual a pessoa tenta entender o comportamento antiético do outro. Ela se sente fisicamente exausta e confusa.

Distanciar-se emocionalmente: Nas conversas com as pessoas, Marge fica sabendo de mais três incidentes parecidos com o seu. Ela não tem mais dúvidas: esse é o comportamento-padrão de Andy. Tendo isso em mente, ela analisa com calma suas opções. Mesmo que ele concorde em reconhecer publicamente seu trabalho no futuro, não há nenhuma garantia de que cumprirá o que disse.

Despersonalizar a questão: Marge reconhece que ela não é a primeira e não será a última pessoa a ser enganada por Andy. De acordo com a filosofia dele, qualquer idéia que surja no local de trabalho pertence a ele. Não se trata de um ataque pessoal a Marge. É apenas a sua maneira de ser.

Lidar com a situação: Marge precisa avaliar suas opções:

- Ela pode guardar suas idéias para si, o que seria sufocante, mas seguro.
- Ela pode se esforçar para nunca mais sugerir nada, a não ser que haja outras pessoas na sala. (Mesmo assim, não há garantia de que Andy lhe daria o crédito.)
- Marge pode aproveitar as reuniões do departamento para assumir a autoria de suas próprias idéias – mesmo se Andy estiver na sala.
- Antes de propor uma nova idéia, Marge pode tentar garantir o reconhecimento por antecipação: "Eu tenho uma idéia interessante, mas antes de contar para vocês, gostaria de ter certeza que receberei crédito por ela". Ainda assim, Andy pode não cumprir o prometido.

O melhor que Marge pode fazer é começar a procurar emprego. Como todo mundo que se depara com esse tipo de chefe, ela merece trabalhar com alguém que realmente aprecie e reconheça seus esforços.

TUDO SOBRE CHEFES DIFÍCEIS E RADICAIS

NÍVEL 1: CHEFES DIFÍCEIS

Esse tipo de chefe age com base em seus medos ou crenças.

O Evasivo

Medo: Confrontos de qualquer tipo.

Solução: Criar suas próprias soluções e liderar o processo.

O Injusto

Medo: Receber más notícias.

Solução: Manter reuniões regulares para evitar surpresas.

O Intocável

Medo: Ser exposto como incompetente.

Solução: Partilhar a fama com eles. Aprender a incluí-los em seus planos.

NÍVEL 2: CHEFES RADICAIS

Incapazes de ser compreensivos com os outros.

O Egomaníaco Controlador

O que você precisa aceitar: Que você nunca poderá brilhar.

O Ausente

O que você precisa aceitar: Que ele não se importa e que não se esforçará para que as coisas dêem certo.

O Impossível de Agradar

O que você precisa aceitar: Que ele sempre ficará insatisfeito com alguma coisa.

O Ladrão de Mérito

O que você precisa aceitar: Que ele não sente nenhum remorso por receber crédito pelo trabalho alheio.

PARA SAIR DA ARMADILHA DE UM CHEFE RADICAL, VOCÊ PRECISA SEGUIR OS QUATRO PASSOS:

Identificar o problema: Perceba que você está lidando com uma relação tipo Atração Fatal e que isso o está prejudicando.

Distanciar-se emocionalmente: Aceite o fato de que não poderá mudar a outra pessoa.

Despersonalizar a questão: Aprenda a não considerar o comportamento dessa pessoa como um ataque pessoal.

Lidar com a situação: Elabore um plano para se proteger e, ao mesmo tempo, administrar o relacionamento.

7

"Gerenciando para baixo": sendo paternal com os colaboradores

OS QUATRO PRINCÍPIOS BÁSICOS DA ADMINISTRAÇÃO PATERNAL:

1. Os colaboradores precisam saber exatamente o que se espera deles.
2. Os colaboradores precisam receber feedbacks freqüentes sobre seu trabalho.
3. Os colaboradores vão testar seus limites.
4. As regras do trabalho são as "melhores amigas" de um gerente.

É preciso admitir que as relações de trabalho muitas vezes se tornam um campo fértil para os desentendimentos. As pessoas acham que não são ouvidas, compreendidas ou apreciadas. E os gerentes muitas vezes descarregam suas frustrações sobre as pessoas que supervisionam: "Por que eu tenho que monitorá-los?", "Por que eles simplesmente não fazem seu trabalho?"

A verdade é que qualquer um que seja responsável por gerenciar equipes acaba adotando uma posição paternal. Não é para menos. Os colaboradores tendem a recorrer a seus superiores pelas mesmas razões que as crianças procuram seus pais – atenção, orientação, correção e reconhecimento. O sucesso no gerenciamento de pessoas depende da disposição e da capacidade do chefe de desenvolver um forte instinto paternal.

- *Jan é supervisora de uma loja de decoração. Recentemente, ela ouviu por acaso sua melhor vendedora, Clara, brigando com os colegas. Jan não sabe o que pode ter desencadeado esse comportamento, sabe que precisa colocar o assunto em pauta, mas não quer correr o risco de perder sua melhor colaboradora.*
- *William é despachante de um serviço de aluguel de carros de luxo. Um dos motoristas, Larry, presta um ótimo atendimento aos clientes, mas não é cuidadoso na hora de preencher os formulários. Seus relatórios de viagens e de gastos nunca batem com as estimativas de William. O dia de pagamento é sempre dia de discussão para os dois.*
- *Steven é gerente do setor de cobranças de uma clínica dermatológica. Sua equipe tem um bom entrosamento. Infelizmente, o bate-papo constante acaba refletindo na produtividade. Ele quer diminuir o barulho, mas sem parecer que está dando uma lição de moral.*

Cada uma dessas situações exige um tipo de abordagem. Quem está em posição de chefia precisa recuar para enxergar a situação como um todo e adotar medidas para corrigir os problemas. Vamos analisar cada um dos 4 princípios básicos da administração paternal e entender o que significam.

PRÍNCIPIO Nº 1 – Os colaboradores precisam saber exatamente o que se espera deles.

As pessoas se saem melhor quando as regras de comportamento e as responsabilidades são claramente definidas e quando sabem exatamente quais são os objetivos. Faça com que cada membro da sua equipe responda às três perguntas a seguir:

1. **Qual é a minha função?** Normalmente, a resposta a essa pergunta é a descrição do cargo que a pessoa ocupa. Faz parte de seu papel de gerente certificar-se de que todos aqueles que você supervisiona compreendam o propósito de seu trabalho.
2. **O que a empresa espera de mim?** Suas expectativas a respeito de cada pessoa da equipe podem ser comunicadas por meio de objetivos de desempenho.
3. **Quais são as normas e os padrões de comportamento desta empresa?** Os regulamentos e códigos de ética e de comportamento devem estar disponíveis, seja por meio escrito ou eletrônico (intranet).

Descrição de cargo: A representação escrita das responsabilidades de cada colaborador é um documento fundamental. As pessoas se sentem mais seguras quando sabem como serão julgadas e avaliadas. Como gerente, é seu dever manter atualizadas as descrições dos cargos, assim como certificar-se de que cada colaborador saiba exatamente o que deve fazer.

Metas: Cada colaborador precisa saber quais são os parâmetros de longo e curto prazo que deve buscar. As metas precisam ser específicas e mensuráveis, de modo que todos possam estimar o sucesso.

Meta indefinida	Meta específica e mensurável
Aumentar o faturamento mensal.	Aumentar o faturamento mensal em 50%.

Aconselhamos estabelecer metas trimestrais para cada colaborador. É mais fácil estabelecer objetivos de curto prazo e monitorar o sucesso a cada três meses do que fazer projeções de longo prazo e esperar um ano inteiro para avaliar o resultado. É melhor colocar as metas por escrito e consultá-las sempre que necessário. Outra idéia interessante é criar uma tabela com os prazos e o passo-a-passo necessário para que cada pessoa alcance a sua meta. Atualize a tabela semanalmente, incluindo mudanças causadas por atrasos e imprevistos.

Normas e regulamentos: Seja na forma de manual impresso ou eletrônico, toda empresa tem um documento oficial que reúne as suas normas, regulamentos, benefícios e privilégios. É responsabilidade do gerente fazer com que os colaboradores compreendam as regras da empresa e ajam de acordo. Isso é particularmente importante em relação a horário de trabalho, intervalos para almoço e lanche, férias, licenças, dia de pagamento, horas extras, benefícios e os termos de demissão.

Nas grandes empresas, os manuais tendem a ser abrangentes, incluindo até regras de etiqueta que descrevem o que é um comportamento aceitável ou não dentro do ambiente corporativo. Por exemplo, as regras sobre vestimenta: "*Os colaboradores devem se apresentar com uma aparência condizente com sua função. Devem estar sempre arrumados e limpos. Jeans, calças de lycra, tops, camisetas, shorts, chinelos e qualquer roupa que revele a parte inferior das costas ou o umbigo não são considerados apropriados para o trabalho.*"

As empresas pequenas raramente possuem manuais desse tipo. Pode ser a oportunidade que você estava buscando para se mostrar proativo e empreendedor. Monte um manual e ofereça à empresa.

PRINCÍPIO Nº 2 – Os colaboradores precisam receber feedbacks freqüentes sobre seu trabalho.

Se você deseja que sua equipe apresente uma conduta consistente, deve agir de modo coerente. Quem domina a arte de gerenciar entende a importância de recompensar o bom comportamento e de reafirmar as conseqüências do mau comportamento. As ferramentas para um feedback objetivo incluem:

A. Analisar o trabalho dos colaboradores regularmente.
B. Premiar aqueles que tiverem bom comportamento.
C. Punir o mau comportamento.

Analisar o trabalho dos colaboradores regularmente: Os colaboradores trabalham melhor quando sabem quais são seus pontos fortes e onde precisam melhorar. Se não forem informados sobre seus pontos fracos, eles irão supor que você está completamente satisfeito com seu desempenho. As avaliações devem ser anuais.

Premiar aqueles que tiverem bom comportamento: Parte do feedback consistente envolve perceber e recompensar o comportamento que você deseja que seus colaboradores apresentem. Os gerentes de estilo paternal referem-se a essa prática como reforço positivo. Eis algumas razões para você recompensar sua equipe:

- Superação das metas de desempenho.
- Demonstração de iniciativa.
- Disposição para ajudar e ser útil, além de suas responsabilidades.

São várias as recompensas oferecidas pelas empresas. As mais comuns são:

- Promoções, aumentos e bônus.
- Educação, treinamento, viagens.
- Carga horária menor.
- Presentes, vales-presente, massagens, manicures, limpezas de pele.

Criar e implementar um sistema de premiações como reconhecimento de um bom trabalho faz com que as pessoas se tornem mais leais. Mesmo as formas mais simples de valorização reforçam as atitudes, os atos e as iniciativas que você mais valoriza em seus colaboradores.

Punir o mau comportamento: Se você quer ser respeitado como chefe, deve estar disposto a proteger seus colaboradores, explicando com clareza quais condutas considera indesejáveis. Atrasos, faltas, reclamações, baixa produtividade e discussões constantes prejudicam o ânimo e afetam a produtividade. O estilo paternal eficiente envolve a descoberta de maneiras de interromper o mau comportamento com algum tipo de ação disciplinadora.

As possíveis conseqüências para quem se comportar de forma negativa são:

- Suspensão de aumentos salariais e de bônus.
- Corte de benefícios como viagens, treinamentos e folgas.
- Avaliações duras – com a devida revisão das expectativas comportamentais e dos resultados negativos, caso as metas não sejam alcançadas.
- Diminuição do espaço no escritório.
- Perda de função (quando possível).
- Demissão.

Às vezes, a conseqüência é tão simples quanto adiar um privilégio – por exemplo, proibir o uso do estacionamento da empresa ou cancelar a saída mais cedo às sextas-feiras. Nota importante: *não* estamos aconselhando a adoção de uma abordagem punitiva, e sim encorajando a criação de penalidades para quem não seguir as normas.

PRINCÍPIO Nº 3 – Os colaboradores vão testar seus limites.

Como crianças saudáveis, os membros da equipe vão querer saber até que ponto as regras e os regulamentos são para ser realmente levados a sério. Se não forem repreendidos após quebrarem uma regra ou contorná-la, acreditarão que seu comportamento é aceitável.

Uma coisa é estabelecer um regulamento, outra coisa é fiscalizar seu cumprimento. Para ser um chefe paternal eficiente é preciso que a pessoa saiba que será desafiada e testada pelos colaboradores sempre que tentar implementar uma nova prática ou estabelecer um novo limite. Por exemplo, se você decide que vai fazer reuniões semanais todas as terças-feiras às 9 horas, pode ter certeza que alguém vai encontrar um jeito de desafiar sua decisão. Pode ser um tratamento dentário inadiável que só pode ser realizado nesse dia e horário ou simplesmente uma rebeldia infantil, do tipo que liga às 8h45 para verificar se o comparecimento é realmente obrigatório. Quando se deparar com esses "testes", você precisa perseverar:

- Seja consistente – Não suavize o que tem a dizer, nem facilite as coisas. "Cheguem na hora certa" não significa começar a reunião com 15 minutos de atraso.
- Seja persistente – Não desista nem deixe que o assunto morra, assumindo que já foi resolvido. Uma vez que você tenha estabelecido uma regra, precisa verificar se está sendo obedecido. Seus colaboradores ficarão atentos para ver se você os está observando.
- Seja repetitivo – Repita sua mensagem quantas vezes forem necessárias.

PRINCÍPIO Nº 4 – As regras do trabalho são as "melhores amigas" de um gerente.

Da mesma forma que as famílias têm regras dentro de casa, as empresas criaram uma série de ferramentas de negócios. Entre elas:

- Normas e regulamentos oficiais, ou o manual do funcionário.
- Descrições de cargos.
- Avaliações críticas do trabalho realizado.
- Metas, expectativas e prestações de contas.
- Reuniões de equipe.
- Relatórios e advertências.

Os gerentes eficientes utilizam as regras do trabalho como um apoio. Por exemplo, se você acha que um de seus colaboradores não está tendo um desempenho satisfatório, consulte a descrição do cargo dessa pessoa para provar o seu argumento. Se desejar que os membros da sua equipe fiquem mais bem informados, faça reuniões regulares para que eles dêem ciência uns aos outros dos projetos que estão em andamento. Se utilizadas com inteligência, as regras do trabalho dão clareza e respaldo a qualquer iniciativa.

AS NOVE "DORES DE CABEÇA" GERENCIAIS

É fácil gerenciar bons profissionais. O problema é quando existem colaboradores problemáticos na equipe. Eles são como "crianças desobedientes", sempre testando a paciência da chefia e perturbando a paz de quem está ao redor. Chamamos esses profissionais de **dores de cabeça gerenciais**.

Veja abaixo as descrições dos problemas gerenciais mais comuns e tente identificar algum em sua equipe. Depois aplique os quatro princípios de gerenciamento paternal a casos da vida real.

- **O Atrasado Crônico.** Quem está sempre atrasado para o trabalho, para as reuniões e para a entrega de projetos acaba tendo seus planos de crescimento profissional prejudicados. Quando advertido, ele melhora, mas só por um pequeno período. Com o passar do tempo, a tendência é voltar ao hábito de chegar atrasado.

- **O Desaparecido.** Esse tipo de colaborador costuma faltar ao trabalho devido a misteriosos problemas de saúde, emergências pessoais e imprevistos. Esses eventos inesperados são mais freqüentes nas segundas-feiras ou nas sextas-feiras e, curiosamente, ele não consegue nem avisar o que está acontecendo porque está preso em um túnel, em um funeral ou em um vôo atrasado. O hábito de desaparecer sem dar notícias deixa o chefe nervoso e toda a equipe em apuros.
- **O Cético.** É o tipo "do contra", desconfiado e resistente a novas idéias. Ele acha defeito em qualquer mudança positiva que você tente implementar. O lado positivo é que você pode contar com ele. Mesmo sem concordar com alguma política ou plano, ele continua a fazer seu trabalho. E, quando abraça uma idéia, a executa fielmente.
- **O Passivo-Agressivo.** Por temer discordar abertamente dos outros, esse colaborador diz "sim" apesar de seu comportamento indicar um sonoro "não". O Passivo-Agressivo age silenciosamente de diversas maneiras. Se você está tendo de lidar com esse tipo de pessoa, vai se sentir freqüentemente atacado, embora ela sempre diga que deseja o melhor para você e para o setor. Entre os comportamentos típicos, o "esquecimento" de compromissos importantes e o não engajamento em projetos fundamentais.
- **O Carente.** Para quem está de fora, ele parece amigável, porém inseguro. É o tipo que constantemente busca atenção e aprovação, daí as perguntas constantes sobre assuntos pouco importantes (somente para ser notado) e o auto-elogio de suas realizações. Os Carentes tendem a ocupar bastante espaço físico – como um enxame de abelhas, eles fazem questão de ser notados.

- **O Truculento.** Abertamente hostil e pouco amigável, ele desafia a chefia a pedir-lhe algo que esteja além do que está previsto em sua descrição de cargo. É mestre em emitir sinais negativos com a linguagem corporal. Suas táticas mais comuns são: não responder a cumprimentos ou pedidos, fazer expressões de desdém, de tédio ou de desinteresse, e não parar quando é chamado. Os colaboradores que possuem esse estilo criam uma nuvem negra de negatividade em qualquer ambiente de trabalho.
- **O Devagar-Quase-Parando.** Confiável, mas lento, ele gasta horas para completar tarefas que os outros fazem em minutos. Ele trabalha, mas o faz lentamente. Os gerentes acabam evitando incluí-los nos projetos mais importantes, com medo de que demorem demais a entregar o resultado.
- **O Viciado.** Seja álcool, drogas, comida ou jogo, esse tipo está sempre sob efeito de alguma dependência que altera o humor. O Viciado exibe um comportamento errático e imprevisível. Freqüentemente alterna períodos de alta produtividade com fases de raciocínio confuso, julgamento falho, faltas ao trabalho, rompantes emocionais e rejeição. O resultado de seu trabalho é irregular e a conduta, instável.
- **O Ladrão.** Esse tipo de pessoa possui um sistema de valores que não vê nenhum problema em roubar objetos da empresa. Vale tudo, de pequenos itens, como selos e material de escritório, até informações, dinheiro e clientes.

Agora examine mais detalhadamente cada uma dessas **dores de cabeça gerenciais**. Os casos relatados a seguir descrevem cenários específicos e oferecem soluções sólidas no estilo paternal de resultado.

O Atrasado Crônico

Audrey é gerente de uma agência de aluguel de carros. Ela contratou Nan para trabalhar na equipe de atendimento ao cliente, das 9 horas às 17h30. No terceiro dia de trabalho, Nan chega 20 minutos atrasada e pede desculpas, explicando que o trânsito estava pesado. Na semana seguinte, Nan chega às 9h15 na segunda e às 9h20 na terça. Diz que a culpa é do despertador.

Na terceira semana de trabalho, Nan chega atrasada em três dos cinco dias úteis. Audrey está chateada e aborda Nan, perguntando qual é o problema. Nan confessa que está procurando um novo apartamento. Na reunião semanal, Audrey lembra a todos da importância de chegar no horário. Nan balança a cabeça concordando.

Na manhã seguinte, o departamento tem uma reunião às 8h45 com o vice-presidente de marketing. A participação é obrigatória. Nan chega correndo às 9h15. Audrey fica furiosa. "Ela sabia que o vice-presidente da empresa iria vir esta manhã. Como pôde fazer isso comigo?", pensa.

Audrey caiu na armadilha. O comportamento de Nan está afetando o seu trabalho. Ela achava que Nan iria mudar, mas o tempo provou o contrário. Agora, os atrasos de sua colaboradora parecem ser um ataque pessoal. Para libertar-se da armadilha, Audrey precisa voltar a atuar como gerente e aplicar os quatro princípios básicos da administração paternal.

Nan precisa saber exatamente o que se espera dela: Audrey explica a Nan quais são as regras de trabalho. "O expediente começa às 9 horas."

Nan precisa receber feedback freqüente sobre seu trabalho: Audrey recorre novamente às normas e regulamentos da empresa e cita os trechos relativos a atrasos: "Chegar depois das 9 horas mais de três vezes no mês configura motivo de demissão."

Nan irá testar o ambiente: Audrey sabe que, embora tenha comunicado as normas da empresa, Nan provavelmente chegará tarde novamente. Audrey se prepara para ser testada.

As regras de trabalho são as "melhores amigas" do gerente: Audrey buscou apoio no manual da empresa e sabe que, em caso de atraso, pode fazer uma advertência formal. Se a pessoa chegar atrasada mais uma vez, a empresa recomenda dar mais um lembrete sobre suas normas e avisar: "Da próxima vez que você se atrasar, aceitarei o fato como seu pedido de demissão."

O Desaparecido

Tanya, técnica de uma empresa de telefonia, é uma profissional eficiente e competente. Ela é ágil e rápida no atendimento aos clientes e, por isso, recebe freqüentemente ótimas avaliações deles. Sua supervisora, Rina, reconhece o seu valor, mas tem uma reclamação: suas faltas freqüentes ao trabalho.

Em geral, Tanya é assídua por uma ou duas semanas. Aí surgem umas dores nas pernas e nas costas que a impedem de trabalhar. Logo os misteriosos sintomas desaparecem, mas lá se foi uma semana inteira longe do trabalho.

Certa vez, Tanya foi a um casamento em outro estado. Ela tirou a sexta-feira de folga e perdeu o vôo de volta, no domingo, o que resultou em mais dois dias fora. Como Tanya mora com sua avó, as emergências de saúde são responsáveis por outro tanto de faltas ao trabalho. Em seis meses, Tanya já utilizou todos os dias de licença a que tinha direito por motivos de saúde e férias.

Rina gosta de Tanya, mas seu comportamento afeta o clima entre a equipe e atrapalha o ritmo do trabalho. A última gota d'água acontece quando Tanya falta sem avisar. Rina fica furiosa por não ter recebido nem mesmo um telefonema ou e-mail. "Ela não tem direito de agir assim", pensa. Às 17 horas, o telefone toca. É Tanya. "Rina, desculpe por ter faltado ao trabalho hoje, mas minha avó morreu de manhã e estou organizando o funeral."

A fúria de Rina converte-se em pena. Ao mesmo tempo, ela percebe que supervisionar essa funcionária imprevisível está acabando com ela. Uma semana depois do funeral da avó, Rina tem uma reunião com Tanya e começa a adotar a postura de "mãe" corporativa.

Tanya precisa saber exatamente o que se espera dela: Rina diz a Tanya que ela está faltando muito ao trabalho, lhe dá uma cópia do manual de normas da empresa e lhe avisa que esgotou sua cota de dias de licença e férias. "A partir de agora, se faltar ao trabalho, serão faltas não-remuneradas." Outro aviso importante: "O manual diz que o colaborador deve ligar às 8 horas da manhã para alertar o supervisor. A não-notificação pode ser motivo para demissão." Rina cita os incidentes anteriores nos quais Tanya não obedeceu a esse regulamento e lhe dá um prazo de três meses para melhorar.

Tanya precisa receber feedbacks constantes sobre o seu trabalho: Nos três meses seguintes, Rina monitora o comportamento de Tanya. Quando ela precisa faltar e liga às 8 horas, Rina elogia seu comportamento e agradece por seguir as normas da empresa.

Tanya irá testar o ambiente: Certa manhã, Tanya simplesmente não aparece para trabalhar. Liga apenas às 9h30 para avisar que não poderá ir trabalhar. Rina a adverte verbalmente: "Se você se esquecer de ligar mais uma vez, terei de demiti-la."

As regras de trabalho são as "melhores amigas" de um gerente: Rina documenta cada uma das conversas que teve com Tanya e controla seus horários de chegada e faltas para conferência futura. E consulta o departamento de recursos humanos para se certificar de que está seguindo as regras sobre casos de impontualidade crônica.

O Cético

Nos últimos 30 anos, o Juiz M. Joseph comandou seu escritório como um relógio suíço. Neste ano, entretanto, há uma grande mudança a caminho. Todo o sistema do tribunal está sendo convertido para uma versão eletrônica e online. O Juiz Joseph aprecia a eficiência e velocidade que isso trará ao trabalho. Ao mesmo tempo, ele teme que os colaboradores resistam à mudança.

Martha, sua assistente há 28 anos, por exemplo. Leal e confiável, mas alérgica a novidades ("Péssima idéia" e "Não vai funcionar" são seus mantras nessas ocasiões). Quando o tribunal instalou os primeiros computadores, no fim da década de 1980, ela disse: "É um desperdício de dinheiro." Martha acabou se adaptando, mas reclamava sempre que havia uma falha no sistema.

Agora que o agendamento online está sendo implantado, Martha foi a primeira a ser treinada. Antes do fim do dia, o juiz recebe uma ligação do chefe do workshop: "Será que você não poderia enviar um funcionário mais cooperativo?", pergunta ele. "Martha está sendo muito resistente e fica dizendo que o agendamento não vai funcionar para o seu escritório." A cabeça do Juiz Joseph começa a latejar. "Já é difícil fazer essa transição... Por que ela precisa se opor tanto às mudanças?"

O Juiz Joseph tranqüiliza o técnico, dizendo que Martha é capaz de aprender e implementar o programa. Ele apenas pede que ela venha ao seu gabinete durante o horário de almoço. Quando desliga o telefone, o Juiz Joseph se prepara para agir como "pai" no trabalho.

Martha precisa saber exatamente o que esperam dela: O Juiz Joseph leva Martha para almoçar. E aproveita o momento para lhe dizer que ela é uma funcionária valiosa, mas que gostaria que ela aceitasse as mudanças de forma mais positiva. Ele enfatiza a importância de apoiar esse novo método de agendamento e cita exemplos no passado nos quais Martha resistiu a novas idéias e o quanto isso afetou negativamente o restante da equipe: "Não quero ouvir você nem ninguém no nosso escritório falando mal desse projeto. Se eu a ouvir reclamando mais uma vez, terei de fazer uma advertência formal e registrar essa atitude pouco cooperativa na sua avaliação anual."

Martha precisa de feedbacks constantes sobre seu trabalho: No mês seguinte, o Juiz Joseph monitora o comportamento de Martha. Ele dá a ela a tarefa de ensinar aos outros membros da equipe como usar o sistema de agendamento online. Ele a parabeniza sempre que alguém passa a dominar o novo software. O juiz também começa a convidá-la para reuniões que falam sobre as futuras mudanças operacionais na corte para que ela possa ficar mais envolvida com o processo.

Martha irá testar o ambiente: O Juiz Joseph sabe que, embora tenha instruído Martha a não falar mal das novas tecnologias, ela tem uma natureza pessimista. Quando ele percebe que ela está criticando o programa de agendamento online, ele rapidamente lhe lembra que seus comentários negativos não são produtivos.

As regras do trabalho são as "melhores amigas" de um gerente: O Juiz Joseph usa a avaliação de desempenho de Martha para forçá-la a melhorar sua atitude. Ele estabelece como nova meta profissional sua "capacidade de se adaptar a mudanças e integrar novos procedimentos ao processo de trabalho".

O Passivo-Agressivo

Donna é proprietária de uma academia de ginástica que possui 5 mil membros. Recentemente, ela contratou Arthur como diretor de marketing e vendas. Donna admira a inteligência de Arthur e sua experiência, mas ela sente que ele está sabotando seu trabalho.

Embora Arthur seja excelente no contato com novos clientes, ele deixa a desejar na execução dos projetos de marketing de Donna. Quando ela pede que ele atualize a carta de boas-vindas aos novos membros, ele responde: "Claro." Duas semanas depois, quando ela lhe pede o rascunho da carta revisada, ele responde: "Eu estava esperando que você me dissesse o que quer na carta."

Sempre que Donna propõe uma campanha promocional ou a participação num evento comunitário, Arthur só balança a cabeça e diz "Sem problema". Infelizmente, seu comportamento não corresponde às suas palavras. Se Donna pergunta sobre o andamento de algum desses projetos, Arthur geralmente responde: "Não fiz muita coisa ainda porque não sei bem o que você quer." Em vez de perguntar ou expressar sua opinião quanto à eficiência da idéia, ele não faz nada.

Durante a primavera, Donna combina a participação da academia em uma grande feira de saúde da comunidade. Ela dá a Arthur a responsabilidade de montar o estande e organizar a equipe para trabalhar. Arthur não parece estar entusiasmado com o projeto, mas não esboça nenhuma crítica. No sábado, pela manhã, Donna recebe um telefonema da massagista da academia. "Eu estou aqui na feira, mas não consigo achar o Arthur."

Para completar o caos, o estande ainda não tinha sido montado. Quando ele finalmente chega, Donna já está bufando de raiva. "O que aconteceu?", pergunta. "Pensei que havíamos combinado que era preciso chegar cedo para montar o estande." "Bom, foi idéia sua. Talvez da próxima vez você deva vir e montar", responde Arthur, mal-humorado.

Donna vai embora determinada a ser uma chefe mais rígida com Arthur.

Arthur precisa saber exatamente o que se espera dele: Depois de se acalmar, Donna convoca Arthur para uma reunião. Ela fala sobre os acontecimentos da manhã de sábado e expressa sua decepção com o desempenho dele. Ela diz que, quando eles conversam e concordam a respeito de qualquer iniciativa de marketing, é tarefa dele obedecer ao plano. Arthur então admite que não achava que a feira de saúde era um bom local para conquistar novos membros para a academia. "Acho suas opiniões bem-vindas, mas você precisa falar o que pensa se discorda dos meus planos para promover a academia. Se você não gosta das minhas idéias, então ofereça as *suas* idéias", acrescenta.

Arthur precisa receber opiniões constantes sobre o seu trabalho: Durante o mês seguinte, Donna se reúne regularmente com Arthur para repassar os planos de marketing. Ela verifica o andamento de cada projeto. E deixa claro que as opiniões dele são importantes. Quando Arthur expõe suas idéias e sugestões, Donna agradece.

Arthur irá testar o ambiente: Donna sabe que Arthur tende a adotar o comportamento passivo-agressivo. Ela fica atenta às ocasiões em que ele diz uma coisa e faz outra. Por exemplo, se ele concorda em escrever o anúncio que Donna quer colocar nas revistas de saúde, mas se "esquece" diversas vezes de escrevê-lo, ela o confronta.

As regras do trabalho são as "melhores amigas" de um gerente: Donna documenta o comportamento de Arthur. Ela está determinada a demiti-lo caso ele sabote outra iniciativa sua. Nesse meio-tempo, ela entrevista vários candidatos. Quer ter opções caso decida mesmo dispensá-lo.

O Carente

Burt trabalha como chefe do setor de mecânica de uma grande revendedora de automóveis. Seu melhor mecânico, Karl, tem as qualidades que todo chefe deseja em seus colaboradores – ele é competente, confiável, incansável e nunca falta. Mas há um problema: Karl conversa sem parar.

Ele tagarela sobre tudo o tempo todo, do tráfego pesado que pegou para ir ao trabalho ao que consumiu no café da manhã, passando pelos programas de TV que assistiu na noite passada. Karl fala sem parar. Se algum mecânico faz um pergunta inocente, como, por exemplo, "Que horas são?", Karl dá uma resposta que dura cinco minutos. Sua conversa consome um tempo precioso.

Karl irrita Burt com sua ansiedade. Pelo menos uma vez por dia, ele o aborda com inúmeras perguntas sobre os carros que conserta. Muitas vezes, Karl apenas deseja se certificar de que está fazendo a coisa certa. Embora Karl seja um excelente mecânico, sua personalidade carente irrita Burt e atrapalha a equipe.

Burt decide aplicar algumas técnicas paternais para gerenciar esse problema.

Karl precisa saber exatamente o que se espera dele: Burt sai com Karl para tomar um café e falar sobre seu futuro. Ele inicia a conversa dizendo que parte de sua responsabilidade é manter um bom ambiente de trabalho, mas que o falatório excessivo na oficina atrapalha os colegas. "Quando você estiver trabalhando, tente não conversar. Deixe para falar durante os intervalos e nos horários de folga." Burt também pede que ele diminua o número de perguntas. "Você é um mecânico muito eficiente e sabe a resposta para 95% de suas dúvidas. Se tiver algum problema, escreva e coloque na minha mesa." Burt garante que responderá suas dúvidas três vezes por dia: de manhã cedo, no almoço e no fim do dia. E termina a conversa fazendo uma advertência: "Se você continuar atrapalhando o meu trabalho e o de seus colegas, talvez tenha que procurar outro emprego. Darei a você duas semanas para melhorar."

Karl precisa receber feedbacks constantes sobre seu trabalho: Karl concorda em mudar seu comportamento. No dia seguinte, ele trabalha com aplicação, sem distrações. No fim do dia, Burt aparece e o elogia por ter conseguido controlar sua vontade de conversar. "Você foi muito bem hoje. Continue assim."

Karl irá testar o ambiente: No segundo dia, Karl tenta abordar Burt com sua carga costumeira de dúvidas. Burt o interrompe no meio de uma frase e diz: "Não posso resolver esses problemas agora. Por favor, escreva suas dúvidas e deixe na minha mesa. Prometo respondê-las o mais rápido possível."

As regras de trabalho são as "melhores amigas" de um gerente: Burt documenta sua conversa com Karl, incluindo as mudanças de comportamento que ele pediu. Ele acompanha a conduta de Karl durante duas semanas e decide se quer mantê-lo ou mandá-lo embora.

O Truculento

Margaret é gerente de uma sapataria e precisa reforçar a equipe para a liquidação de verão. Ela pergunta se alguém tem algum amigo para indicar. As pessoas interessadas serão treinadas para aprender o básico sobre vendas de sapatos. Ted, o rapaz recém-contratado para o estoque, tem uma amiga que está interessada no trabalho temporário. Margaret então pede que Zoë compareça para uma entrevista.

A primeira impressão é boa. Mas o fato de que o currículo de Zoë mostra quatro empregos em menos de dois anos deixa Margaret um pouco apreensiva. Como a liquidação vai começar dentro de duas semanas, Margaret decide arriscar.

Zoë se sai bem na semana de treinamento. Ela chega cedo e entende o trabalho sem problemas: como atender os clientes, registrar as vendas, lidar com trocas e renovar o estoque. Na manhã do primeiro dia da superliquidação de verão, porém, tudo muda. Com a loja cheia de clientes e os vendedores correndo para cima e para baixo, Zoë move-se lentamente, ignorando as solicitações.

Enquanto todo mundo se mostra prestativo e animado, Zoë está carrancuda, com os braços cruzados, observando as pilhas de sapatos espalhadas por toda a loja. Sua atitude hostil intimida os clientes e deixa os outros vendedores enfurecidos.

Na tentativa de contornar a situação e melhorar o desempenho de Zoë, Margaret assume o papel de gerente "mãezona".

Zoë precisa saber exatamente o que se espera dela: Margaret puxa Zoë de lado discretamente e a leva até o lado de fora da loja. Ela explica que sua atitude negativa está nítida tanto para os clientes quanto para os colegas. "Preciso que os vendedores tenham uma postura positiva com os clientes. Se você não mudar seu comportamento nos próximos 20 minutos, vou transferi-la para o estoque."

Zoë precisa receber feedbacks constantes sobre seu trabalho: Zoë pede desculpas pelo mau humor e volta para a loja. Para alívio de Margaret, ela consegue adotar uma postura mais agradável com os clientes. Margaret verifica seu desempenho ao longo do dia e quando um cliente satisfeito agradece a Zoë, dizendo que ela é um "anjo", Margaret abre um sorriso e a elogia: "Você está indo muito bem."

Zoë irá testar o ambiente: Margaret sabe que, embora Zoë tenha mudado de comportamento no primeiro dia, existe a possibilidade de que ela repita a postura hostil.

As regras do trabalho são as "melhores amigas" de um gerente: Embora precise de Zoë, Margaret decide que se ela agir com hostilidade novamente será dispensada. Ao fim do primeiro dia, ela chama a equipe e estabelece as novas regras: "Temos mais dois dias de vendas pela frente e quero que trabalhemos em equipe. Pedirei a quem tiver alguma restrição ou não agüentar o ritmo intenso que vá embora."

O Devagar-Quase-Parando

Maria é diretora de distribuição de uma empresa de produtos médicos. Como sua melhor colaboradora está em licença-maternidade, ela teme perder o controle do setor. Ela conta com Dale, um funcionário dedicado e fiel, mas tem dúvidas de que, mesmo se esforçando, ele consiga coordenar a entrega de todos os pedidos no prazo. O problema é que todos os pedidos devem ser entregues no mesmo dia.

Nos primeiros dias, Maria percebe que Dale parece meio tenso. Ele está constantemente ao telefone e há pilhas de formulários de pedidos sobre sua mesa. Quando pergunta como vão as coisas, ele responde: "Tudo bem." Parece que os produtos estão sendo entregues como de costume, então Maria o deixa em paz.

Na segunda semana, porém, Maria chega ao trabalho e ouve alguém gritando com Dale. Ela vai até lá e encontra uma enfermeira gritando com Dale porque ele não entregou as mercadorias a tempo. "Meus pacientes estão esperando pelos urinóis há cinco dias! Isso é INACEITÁVEL!" Dale esfrega a nuca e tenta acalmar a cliente zangada: "Prometo que vou resolver. Estamos com certo excesso de trabalho no momento."

Depois de ver essa cena, Maria verifica suas mensagens e descobre mais cinco reclamações. Decide que é preciso agir. Volta ao escritório, pega os formulários de pedido na mesa de Dale e, dentro de quatro horas, despacha tudo. Ela não consegue entender por que consegue fazer em apenas quatro horas as tarefas de que Dale não dá conta em uma semana. No entanto, em vez de xingar seu funcionário lento, Maria resolve adotar uma postura "maternal".

Dale precisa saber exatamente o que se espera dele: Maria reconsidera sua postura em relação a Dale. Ela decide passar um dia treinando-o. Ela mostra a ele seu método para coordenar as entregas e descreve cada etapa para que ele possa anotar a seqüência e aplicá-la depois em seu dia-a-dia. Dessa forma, Dale sabe exatamente o que Maria espera dele. E tem o passo-a-passo como referência.

Dale precisa de feedbacks constantes sobre seu trabalho: Na semana seguinte, Maria faz um acompanhamento diário do trabalho de Dale. Ela verifica quais são as pendências e o ajuda caso se atrase com algum pedido complicado.

Dale irá testar o ambiente: Embora tenha dedicado um dia a treinar Dale, e depois o acompanhado para ver como ele estava se saindo, Maria sabe que ele pode se perder facilmente. Ela percebeu que Dale é metódico e precisa ser guiado e cobrado constantemente. Em vez de deixar que o trabalho se acumule mais uma vez, Maria o monitora de perto.

As regras do trabalho são as "melhores amigas" de um gerente: Sempre que Dale tem de desempenhar uma nova tarefa, Maria documenta o procedimento. Ela também se reúne com ele no começo de cada dia de trabalho para estabelecer as prioridades.

O Viciado

Rick é gerente de vendas de uma joalheria e confia em Fran, sua coordenadora de importações e responsável pela comunicação com as fábricas na Índia e na China. O trabalho de Fran é se certificar de que as jóias produzidas nesses países cheguem intactas e dentro do prazo aos Estados Unidos.

Ultimamente, Fran não anda muito bem. Às vezes chega tarde ao trabalho, com a aparência cansada e descuidada, e não consegue se concentrar nas reuniões com a equipe. Várias vezes Rick já a encontrou dormindo em cima da mesa, no meio da tarde. Ela alega que tem tido problemas para dormir.

Certo dia, Rick aborda Fran para saber de uma encomenda de jóias que virá da Índia e ela responde com uma voz arrastada. "Fran, você não parece bem. O que está acontecendo?", pergunta, assustado. "Eu estou bem", responde ela. "Eu só tomei um remédio para gripe que me deixou meio zonza."

No fim do dia, enquanto Rick se prepara para ir embora, três colaboradores entram em seu escritório e fecham a porta. "Precisamos falar com você sobre Fran", dizem eles. Rick pede para eles se sentarem. Dentro de alguns minutos, ele ouve coisas em que não consegue acreditar.

O sono, a fala arrastada e a baixa produtividade de Fran são sintomas do uso de drogas. Ela está viciada em tranqüilizantes de tarja preta. Seus três colegas descobriram os remédios numa caixa que achavam que continha fechos para braceletes. Quando a confrontaram, ela lhes disse para a dei-

xarem em paz. Preocupados com seu bem-estar, sentiram-se obrigados a falar sobre o assunto com Rick.

Nesse tipo de situação, o gerente deve avaliar as opções existentes na empresa. Em termos gerais, o uso de drogas no local de trabalho é motivo de demissão imediata, mas muitas empresas possuem programas de reabilitação. No caso de Rick, a saída é uma licença médica para que Fran possa fazer um tratamento de desintoxicação.

Fran precisa saber exatamente o que se espera dela: Rick marca uma reunião com Fran e diz que está muito preocupado com sua saúde, até porque seu desempenho no trabalho está caindo dia a dia. "Você dorme na sua mesa, fica cochilando nas reuniões e fala de um jeito arrastado. Os seus colegas também estão preocupados com seu estado físico e mental." Ele a encaminha para o departamento de RH e diz para ela tirar uma licença médica para se recuperar.

Fran precisa de feedbacks constantes sobre seu trabalho: Rick pergunta a Fran se ela está entendendo o que ele está lhe dizendo. Ela responde: "Acho que sei do que você está falando. Só preciso de um dia para pensar a respeito." Rick responde: "Pense o tempo que for preciso, mas você precisa de ajuda. Se não aceitar o que a empresa está oferecendo, não podemos mantê-la aqui."

Fran irá testar o ambiente: No dia seguinte, Fran tenta barganhar. "Olha, sei que ando meio estranha, mas acho que posso melhorar se eu ficar uns dois dias sem trabalhar para ajustar tudo." Rick fica firme em sua posição inicial: "Se você não for ao RH para pedir a ajuda de que precisa, teremos que demiti-la."

As regras do trabalho são as "melhores amigas" de um gerente: Rick liga para o departamento de RH e os informa a respeito da situação de Fran. Ele também documenta os diversos incidentes que o levaram a isso, incluindo o relato feito por seus três colegas. No dia seguinte, Fran vai pessoalmente ao RH e pede o tratamento para seu problema.

O Ladrão

A galeria de arte de Carl está indo muito bem. Como ele tem um ótimo olho para as novas tendências e para comprar obras de arte, consegue antecipar o que os colecionadores procuram. Carl adora o trabalho de administrar sua galeria de arte, exceto a parte financeira. Seu contador recomenda a contratação de um técnico em contabilidade.

Ao entrevistar Gloria, Carl fica aliviado. Ela parece ser uma pessoa muito madura e honesta. Ela paga as contas no dia certo e administra as finanças da galeria, o que permite que Carl se concentre no que faz de melhor: comprar e vender arte.

Certo dia, ao assinar os cheques de pagamento dos colaboradores, ele percebe que há dois cheques no nome de Gloria. Quando devolve os cheques para ela, faz uma observação em tom de brincadeira: "Posso estar vendo coisas, mas acho que vi dois cheques nominais a você". O rosto de Gloria fica vermelho. "Ah, Carl, devo ter cometido um engano." Ela então rasga um dos cheques em pedacinhos, dizendo: "Sinto muito. Eu não costumo cometer erros assim."

Depois que ela vai embora, Carl verifica os extratos bancários dos últimos seis meses. Para seu horror, existem vários cheques duplos pagos a Gloria. Ele então verifica os talões de cheques e descobre que Gloria faz dois cheques para ela mesma há um bom tempo. Ela também usou cheques da galeria para pagar suas contas pessoais de cartão de crédito.

Gloria precisa saber exatamente o que se espera dela: Nesse caso, a única ação possível é a demissão de Gloria. Ao mesmo tempo,

Carl precisa processá-la pelos crimes cometidos. Nervoso com o choque da descoberta, ele pega o telefone e liga para a polícia.

10 MITOS QUE IMPEDEM OS GERENTES DE SE RELACIONAREM DE MODO EFICAZ COM SEUS COLABORADORES:

1. Eu só preciso falar uma vez.
2. Eles devem se comportar como eu me comporto.
3. Eles não podem cometer erros.
4. Eu não preciso ter uma relação paternal com eles.
5. Eles precisam saber como priorizar o trabalho.
6. Eles devem saber o que eu preciso.
7. Eles devem gostar de mim e me elogiar.
8. Eles devem saber que eu valorizo o trabalho deles.
9. Eles devem se dar bem uns com os outros.
10. Eles não devem me desafiar.

Os mitos que atrapalham os relacionamentos entre chefia e colaboradores são territórios férteis para que você se sinta zangado, frustrado ou manipulado pelas pessoas que supervisiona. Cada uma dessas crenças aumenta a probabilidade de você se envolver em brigas de poder com os membros de sua equipe. A chave para se libertar dessas situações problemáticas, e poupar a si mesmo de horas de frustrações e aborrecimentos, é expor o que está acontecendo. Ao fazer isso, você poderá decidir se vai tomar uma atitude.

Os casos apresentados a seguir mostram situações reais, em que os gerentes identificam quais são os mitos em que acreditam e depois tomam atitudes concretas para gerar um resultado diferente e melhor.

1. Eu só preciso falar uma vez.

Sintoma: Você fica irritado sempre que precisa repetir algo.

Solução: Adotar uma postura paternal com as pessoas que supervisiona é um processo demorado. A repetição faz parte do jogo. A repetição faz parte do jogo. A repetição faz parte do jogo.

Circunstância: *São 9h30 da manhã e Shirley está irritada. Há duas semanas, ela estabeleceu um novo sistema de marcação de ponto pela manhã e só metade das pessoas está cumprindo o combinado. "No começo do mês, dediquei uma reunião inteira a esse tema. Já estamos na metade do mês e metade da equipe está ignorando o que foi combinado." Tentando se acalmar, Shirley recapitula a situação:*

- O que está acontecendo? *Eu estabeleci um novo sistema de marcação de ponto e só metade dos colaboradores está obedecendo.*
- Qual é o papel dos colaboradores? *Eles não se lembram do que foi discutido nem parecem compreender a importância do novo procedimento.*
- Qual é o meu papel? *Como já expliquei como funciona esse novo método de marcação de ponto, espero que todos o sigam.*
- Que "mito gerencial" estou seguindo? *Acredito que eu só preciso dizer algo uma única vez.*
- Quais são as minhas opções? *Posso continuar a ficar chateada ou posso pedir a meu assistente que lembre todo mundo de usar esse novo método. Se, após um mês, alguém ainda não tiver obedecido, avisarei que haverá conseqüências.*

2. Eles devem se comportar como eu me comporto.

Sintoma: Você está sempre julgando os colaboradores que não seguem exatamente o seu comportamento.

Solução: Esteja aberto a diferentes maneiras de pensar e de executar tarefas.

Circunstância: *Carl é dono de uma pequena empresa especializada em pintura predial. Ele costuma contratar assistentes, mas faz questão que eles adotem o seu estilo de trabalhar. Quando Carl pinta um aposento, por exemplo, cobre todos os limites do cômodo com fita isolante antes de começar: janelas, portas, teto e chão. E quer que seus assistentes façam o mesmo.*

Martin é seu mais novo assistente. Ele é confiável, eficiente e produtivo, mas tem o hábito de trabalhar de um modo totalmente diferente. Martin cobre apenas a área que estiver pintando. Isso incomoda Carl. "Por que você não segue o meu método?", pergunta ele. "Eu respeito o seu jeito de trabalhar, mas tenho outro estilo", explica Martin. Relutante em abrir mão de seu melhor colaborador devido a diferenças de estilo, Carl faz um esforço para que isso não o incomode:

- O que está acontecendo? *Meu assistente se recusa a seguir o meu método de trabalho. Ele cobre com fita somente a parte que está pintando, em vez de cobrir todo o aposento.*
- Qual é o papel do colaborador? *Ele insiste em fazer do seu jeito.*
- Qual é o meu papel? *Eu insisto para que ele siga a minha técnica.*
- Que "mito gerencial" estou seguindo? *Ele deve pintar como eu pinto.*
- Quais são as minhas opções? *Posso continuar insistindo para que ele faça como eu faço e demiti-lo se ele não me atender, ou posso avaliar a qualidade do trabalho dele e aceitar que uma outra maneira de trabalhar pode ser igualmente eficiente. Se pintar um aposento por partes produzir excelentes resultados, posso até incorporar essa técnica.*

3. Eles não podem cometer erros.

Sintoma: Você vê os erros alheios como catastróficos e inaceitáveis. E acredita que eles podem justificar demissões.

Solução: Só não erra quem não trabalha. Chefes de postura paternal ajudam as pessoas a aprender com seus deslizes.

Circunstância: *Lynn é dona de uma sofisticada empresa de eventos especializada em festas de casamento. Nos últimos dois anos, ela contratou cinco assistentes. A cada nova colaboradora, a esperança de um relacionamento promissor. Mas, tão logo a assistente cometia um erro, Lynn perdia o controle. "Isso aqui é uma agência refinada!", gritava. "Não podemos nos dar ao luxo de cometer erros." Obviamente, todas pediram demissão.*

Quando Lynn entrevista e contrata Fontana, ela acredita que finalmente encontrou alguém que não irá decepcioná-la. Mas, quando, dois meses depois, ela liga da gráfica avisando que cometeu um erro em um convite e que para consertá-lo a tempo era preciso pagar uma taxa adicional, Lynn fica furiosa. Seu primeiro impulso foi o de gritar com Fontana, mas, como ela não quer perder assistente tão valiosa, consegue se controlar a tempo:

- O que está acontecendo? *Minha assistente acaba de cometer um erro e terei de pagar por ele.*
- Qual é o papel de Fontana? *Ela não revisou o texto do convite com cuidado, mas conseguiu descobrir a troca de datas a tempo e a corrigiu.*
- Qual é o meu papel? *Tenho muita dificuldade em perdoar. Tenho medo de "ficar no prejuízo".*
- Que "mito gerencial" estou seguindo? *Minha equipe não deve cometer erros.*
- Quais são as minhas opções? *Posso deduzir o custo da correção dos convites do salário de Fontana (o que pode levá-la a pedir demissão) ou posso considerar a multa como um investimento no desenvolvimento dela. Posso também usar esse incidente como uma oportunidade e criar procedimentos que reduzam a probabilidade de esse tipo de problema se repetir.*

4. Eu não preciso ter uma relação paternal com eles.

Sintomas: Você lamenta ter que ensinar as pessoas a serem responsáveis por seu trabalho. Para você, o ideal seria que seus colaboradores "crescessem".

Solução: Embora essa seja uma ótima idéia, ela é totalmente irreal. Aceite o fato de que gerenciar pessoas significa ser paternal.

Circunstância: *Angelo é contratado para chefiar o setor de desenvolvimento de cereais de um grande fabricante de produtos alimentícios. Anteriormente, ele tinha trabalhado em uma empresa bem menor. Nessa época, ele gerenciava dois funcionários. Agora, ele dirige uma equipe de 15 pessoas. Na primeira reunião com sua nova equipe, Angelo descreve as tendências que percebe na indústria de cereais e estabelece várias idéias para produtos que ele gostaria que a equipe pesquisasse.*

Nas duas semanas seguintes, se dedica a aprender o máximo sobre a empresa, seus planos de longo prazo e os objetivos de cada departamento. Enquanto isso, ele acredita que os membros de sua equipe estão dedicados aos projetos que lhes passou. Para sua surpresa, ele descobre que eles não produziram quase nada nesse período. Sequer começaram a pesquisar as novas idéias que ele sugeriu.

Angelo fica surpreso com tamanha falta de iniciativa. "Nós conversamos sobre vários conceitos específicos para cereais na nossa primeira reunião. O que aconteceu?", pergunta ele. Uma pessoa se arrisca a responder: "Você não estava aqui e nós não sabíamos exatamente o que você queria." Angelo fica desnorteado. Ele nunca teve esse tipo de problema antes.

Na tentativa de entender a razão do imobilismo de sua equipe, ele faz uma análise da situação:

- O que está acontecendo? *Minha equipe não está produzindo.*

- Qual é o papel deles? *Há duas semanas, dei a eles uma lista de projetos que gostaria que começassem. Eles reagiram de maneira positiva às idéias, mas não apresentaram nenhum projeto. Eles parecem estar esperando que eu lhes ensine o caminho das pedras.*
- Qual é o meu papel? *Eu imaginei que essas pessoas fossem auto-suficientes (como minha antiga equipe). Achei que era só explicar minhas idéias e eles se virariam sozinhos.*
- Que "mito gerencial" estou seguindo? *Eu não preciso agir de forma paternal com eles.*
- Quais são as minhas opções? *Posso ficar chateado com sua passividade ou posso supervisioná-los de maneira mais direta (ou seja, adotando a postura de "pai"), definindo exatamente o papel de cada um e verificando o andamento do trabalho. Com o tempo, eles se tornarão auto-suficientes.*

5. Eles precisam saber como priorizar o trabalho.

Sintoma: Você percebe que seus colaboradores estão fazendo tarefas que julga pouco importantes e isso o deixa furioso.

Solução: Comunique diariamente quais são as prioridades e no que você deseja que a equipe concentre sua energia.

Circunstância: *Liam é gerente financeiro de um hospital ortopédico. Ele tem quatro contadores em sua equipe, mas está preocupado porque as cobranças estão atrasadas. Observando a situação com mais cuidado, Liam percebe que sua equipe gasta grande parte do tempo no telefone tirando dúvidas de pacientes e de fornecedores. Em vez de estar fazendo isso, eles deveriam dedicar mais tempo à cobrança dos pacientes particulares e das empresas de seguro de saúde. "Não podemos pagar nossos fornecedores ou ajudar os pacientes se não recebermos o dinheiro que nos devem", pensa ele. Na tentativa de entender melhor o que está atrapalhando o ritmo de trabalho de seu departamento, Liam faz a seguinte análise:*

- O que está acontecendo? *Meu departamento está atrasado nas cobranças porque perde tempo respondendo as dúvidas sobre as contas dos pacientes e as faturas dos fornecedores.*
- Qual é o papel dos colaboradores? *Eles estão apenas reagindo às solicitações em vez de planejar o dia de trabalho.*
- Qual é o meu papel? *Fico esperando que eles percebam o atraso no setor de cobrança e mudem o jeito de trabalhar.*
- Que "mito gerencial" estou seguindo? *Eu acredito que as pessoas devem saber como priorizar seu trabalho.*
- Quais são as minhas opções? *Posso fazer uma reunião de 10 minutos pela manhã e dizer a cada um o que deve fazer naquele dia. Ou posso desenvolver um plano para alcançar determinados objetivos – como, por exemplo, deslocar algumas pessoas para atender ao telefone e responder as dúvidas dos clientes enquanto o restante se concentra nas contas a receber.*

6. Eles devem saber o que eu preciso.

Sintoma: Você fica chateado com sua equipe porque as pessoas são egoístas e não ligam para as suas necessidades.

Solução: A não ser que você tenha contratado telepatas, seus colaboradores precisam que você lhes diga o que precisa e o que espera deles. Aprenda a pedir para ser atendido.

Circunstância: *Gail é diretora de uma consultoria especializada em recrutamento de executivos. Ela está se preparando para uma apresentação importante que dará para o comitê de gestores de uma das 500 maiores empresas dos Estados Unidos. O assistente de Gail, Mickey, tem o hábito de interrompê-la toda hora para tirar dúvidas. Na quinta interrupção, Gail explode: "Será que você não vê o que eu estou fazendo aqui?" Mickey parece surpreso e um pouco confuso. "Eu tenho uma hora para preparar uma apresentação importante e você não me deixa em paz." Mickey fica constrangido. "Desculpe por* *incomodá-la. Eu não sabia..." Gail se dá conta de que talvez tenha exagerado. No dia seguinte, de manhã cedo, antes de Mickey chegar ao escritório, ela repassa mentalmente a situação:*

- O que está acontecendo? *Sempre que eu tenho um projeto importante para completar, Mickey me interrompe.*
- Qual é o papel dele? *Mickey parece não perceber o quanto estou ocupada e, em vez de me ajudar, faz o contrário.*
- Qual é o meu papel? *Eu não digo a Mickey o que preciso porque me parece muito óbvio.*
- Que "mito gerencial" estou seguindo? *Mickey deve saber o que eu preciso.*
- Quais são as minhas opções? *Posso continuar esperando que Mickey "leia minha mente" ou posso tentar comunicar minhas necessidades de maneira mais clara. Posso alertá-lo sobre minhas prioridades diárias e, sempre que tiver uma apresentação importante, posso avisá-lo de que não poderei ser interrompida.*

7. Eles devem gostar de mim e me elogiar.

Sintoma: Você se sente magoado e excluído quando os colaboradores não o tratam de uma maneira amigável.

Solução: Se você quer ser popular, participe de algum clube. Ser chefe muitas vezes significa ser detestado.

Circunstância: *Anna trabalha como gerente em um escritório de advocacia. Sua principal tarefa é supervisionar a equipe de 15 secretárias encarregadas de digitar contratos, testamentos, dossiês e outros documentos legais. Uma delas, Penelope, vive pedindo favores. Certa vez, uma amiga que mora fora veio visitá-la e Penelope pediu dois dias de licença para poder desfrutar de sua companhia. Com medo de parecer fria, Anna concordou. Depois, Penelope se matriculou em um curso de teatro e pediu para sair mais cedo em* *dois dias da semana. "Isso significa muito para mim", disse ela. Mais uma vez, Anna concordou.*

As outras secretárias percebem que Anna dá a Penelope um tratamento preferencial. O que elas não sabem é que Anna tem necessidade de que gostem dela. Essa é a razão pela qual ela atende todas as solicitações de Penelope. Mas um dia, enquanto está no banheiro feminino, Anna ouve Penelope falando mal dela. "Eu consigo fazer com que a molenga da nossa gerente faça o que eu quiser", vangloria-se. "Ela é tão insegura que faz qualquer coisa para ficar bem comigo."

Anna fica decepcionada e arrasada com o que ouviu, mas aproveita para fazer uma auto-análise de seu comportamento.

- O que está acontecendo? *Eu ando sendo tolerante porque fiquei com medo de que Penelope deixasse de gostar de mim.*
- Qual é o papel dela? *Penelope sabe me manipular para que eu concorde.*
- Qual é o meu papel? *Tenho medo de que ela fique zangada comigo se eu disser "não".*
- Que "mito gerencial" estou seguindo? *As pessoas que eu supervisiono devem gostar de mim e me elogiar.*
- Quais são as minhas opções? *Posso continuar tentando fazer com que todos gostem de mim (o que não parece funcionar) ou posso estabelecer limites quando for necessário, dizendo "não" a favores com os quais não concordo, e arriscar não ser uma pessoa popular.*

8. Eles devem saber que eu valorizo o trabalho deles.

Sintoma: Você não gosta de reconhecer, premiar ou elogiar o trabalho de seus colaboradores.

Solução: Supere isso e agradeça sempre que tiver oportunidade. Os elogios são ingredientes essenciais para uma gerência eficaz.

Circunstância: *A Dra. Evans tem grande orgulho de suas habilidades profissionais e também de seu atendimento acessível e atencioso. Ela estabeleceu um alto padrão tanto para si quanto para sua equipe. Se alguém comete um erro, ela prontamente o corrige. Seus pacientes sempre lhe agradecem por administrar uma clínica tão bem-sucedida. Por esse motivo, ela fica surpresa quando a gerente Freda deixa a seguinte mensagem em sua secretária eletrônica: "Desculpe, Dra. Evans, mas não posso mais trabalhar com a senhora. Deixei na sua mesa uma carta explicando minhas razões."*

Na carta Freda reclama por nunca ter tido seus esforços reconhecidos pela médica. "A senhora sempre aponta meus erros, mas nunca reconhece as coisas boas que faço, caso dos vários sistemas que criei para melhorar o funcionamento do consultório. Fiquei dois anos em sua clínica e nunca recebi um aumento. Não posso continuar trabalhando com quem não reconhece o que os outros fazem."

Embora as reclamações de Freda sejam perturbadoras, elas não são inéditas. Os filhos da Dra. Evans e seu marido muitas vezes se irritam com sua tendência para achar defeitos em tudo o que fazem. Ela reflete sobre o pedido de demissão da gerente e percebe que precisa mudar antes que outro bom colaborador peça demissão:

- O que está acontecendo? *Minha melhor colaboradora acaba de pedir demissão porque se sentia pouco valorizada.*
- Qual é o papel dela? *Freda queria sinais concretos: palavras, atos e recompensas que demonstrassem o meu apreço por ela.*
- Qual o meu papel? *Eu acredito que o salário já é elogio suficiente.*
- Que "mito gerencial" estou seguindo? *Eles devem saber que eu valorizo o trabalho deles.*
- Quais são as minhas opções? *Posso esquecer o que Freda disse e procurar colaboradores mais "durões", que não precisam ser elogiados, ou posso tentar adotar algumas atitudes*

de reconhecimento (agradecer o trabalho da equipe ao fim de cada dia, pagar o almoço de todo mundo nos dias mais movimentados e dar aumento para os mais competentes).

9. Eles devem se dar bem uns com os outros.

Sintoma: Você fica impaciente quando o clima entre os colaboradores não é bom. Você encara brigas e discussões como algo ridículo ou infantil.

Solução: A rivalidade no local de trabalho é uma coisa comum. Descubra uma maneira de lidar com isso.

Circunstância: *Matt é dono de uma agência de encontros e relacionamentos para solteiros chamada Life in the Fast Lane, que possui um cadastro com mais de 3 mil pessoas interessadas em encontrar um parceiro amoroso. Duas conselheiras sentimentais da empresa têm problemas de afinidade. Louise, que trabalha há muito tempo para a LIFL, não se dá muito bem com Judy, contratada recentemente.*

Certo dia, Judy aborda Matt para falar de seu problema com a colega. "Louise não quer trabalhar comigo. Tenho candidatos que se encaixam no perfil dos candidatos dela, mas ela se recusa a falar comigo." Matt fica perplexo: "Louise é uma ótima profissional. Não dá para acreditar que vocês não conseguem trabalhar em equipe. Peça a ela de novo; tenho certeza de que ela irá ajudá-la." Judy insiste: "Você não está entendendo. Eu já tentei e ela não quer cooperar." Matt insiste para que ela tente novamente.

Uma semana depois, Matt encontra Judy chorando. "O que houve?", pergunta ele. "Louise entrou em contato com dois clientes meus e combinou encontros com os clientes dela sem me informar", choraminga ela. "Eu também a ouvi dizer a um deles que ela está tentando compensar a minha incompetência." Saber disso faz com que Matt fique furioso. Ele vai para sua sala e começa a avaliar a situação:

- O que está acontecendo? *Tenho duas funcionárias em conflito. Louise não gosta de Judy e se recusa a trabalhar com ela.*
- Qual é o papel delas? *Louise está se comportando de maneira infantil. Judy não sabe como se defender.*
- Qual é o meu papel? *Eu custo a acreditar que Louise possa se comportar de modo tão mesquinho. Prefiro acreditar que Judy esteja exagerando a situação.*
- Que "mito gerencial" estou seguindo? *Meus funcionários deveriam se dar bem uns com os outros.*
- Quais são as minhas opções? *Posso continuar a ignorar o problema ou ter uma reunião com Judy e Louise para conversar sobre o problema entre as duas. Posso também deixar que Louise combine os candidatos sem a cooperação de outra conselheira, o que vai contra as regras da empresa. Por fim, posso insistir para que Louise trate Judy de maneira mais respeitosa.*

10. Eles não devem me desafiar.

Sintoma: Você encara como crítica negativa qualquer tipo de sugestão, correção e mudança. E enxerga como Rebeldes as pessoas que possuem um ponto de vista contrário ao seu.

Solução: Os gerentes que agem de modo paternal aceitam os desafios propostos pelos colaboradores como uma contribuição positiva, e os ensinam a encaminhar suas sugestões de maneira construtiva.

Circunstância: *Um grande fabricante de roupas está realizando sua convenção de vendas, ocasião em que são feitos os lançamentos de produtos. Larry está apresentando a linha de calças para o outono e, para motivar os vendedores, distribui um catálogo com as fotos dos modelos e a respectiva lista de preços. Cally, uma das colaboradoras mais antigas, faz uma sugestão: "Acho que os preços podiam ser mais altos. Creio que os compradores dariam mais valor se aumentássemos US$ 10 em cada item." Larry fica nervoso, vermelho e responde: "Este é o preço que o mercado consegue suportar.*

Vamos deixar essa decisão com o nosso controller.” Ela insiste: “Não, acho que deveríamos repensar, porque eu conseguiria vender mais se o preço fosse...” Larry a interrompe: “E eu acho que você está errada.” Com isso, encerra a discussão e a reunião.

Larry está furioso com Cally por discutir a política de preços na frente dos outros vendedores. “O que ela sabe a respeito de preços?”, resmunga. “E, além disso, está errada”. No caminho para casa, ele pára em uma loja para ver as coleções de calças da concorrência e comparar os preços. Para seu desgosto, Cally está certa. Os concorrentes cobram pelo menos US$ 10 a mais em cada item do mesmo tipo de roupa com a mesma qualidade. Larry repensa sua atitude:

- O que está acontecendo? *Uma das minhas vendedoras mais experientes me desafiou em uma reunião a respeito dos preços. Não gostei de seu comportamento. A idéia dela, no entanto, faz sentido.*
- Qual é o papel dela? *Ela falou na frente dos outros e me deixou constrangido.*
- Qual é o meu papel? *Eu encarei a sugestão dela como um desafio, defendi a lista de preços, mas acabei descobrindo que ela estava certa.*
- Que “mito gerencial” estou seguindo? *Os colaboradores não devem me desafiar.*
- Quais são as minhas opções? *Posso manter a minha posição e não mexer no preço da nossa linha de calças ou posso agradecer o alerta de Cally a respeito da tendência geral de preços e ajustar nossa tabela. Posso ainda pedir que, da próxima vez que ela tiver uma sugestão, fale comigo em particular.*

LEMBRETE FINAL

A arte de administrar pessoas é um processo contínuo. Cada pessoa representa uma oportunidade de crescimento diferente para quem está na chefia, assim como para ela mesma. Gerenciar com eficiência não é fácil. Se você aplicar as nossas técnicas, elas o ajudarão a passar pelo campo minado das emoções que surgem quando estamos supervisionando o trabalho dos outros.

TUDO SOBRE "GERENCIAMENTO PARA BAIXO"

OS QUATRO PRINCÍPIOS BÁSICOS DA ATITUDE PATERNAL NO TRABALHO:

1. **Os colaboradores precisam saber exatamente o que se espera deles.**
   Descrição do cargo.
   Metas.
   Regras e procedimentos.
2. **Os colaboradores precisam receber feedbacks freqüentes sobre seu trabalho.**
   Avaliações.
   Recompensas por bom comportamento.
   Conseqüências para o mau comportamento.
3. **Os colaboradores vão testar seus limites.**
   Seja consistente.
   Seja persistente.
   Seja repetitivo.
4. **As regras de trabalho são as "melhores amigas" de um gerente.**
   Use tudo o que foi citado acima.

AS NOVE "DORES DE CABEÇA" GERENCIAIS:

1. **O Atrasado Crônico:** "Meu despertador não tocou (de novo)."
2. **O Desaparecido:** "Estou com alguma doença esquisita. Não posso ir trabalhar."
3. **O Cético:** "Isso nunca vai dar certo."
4. **O Passivo-Agressivo:** "Não fiz muita coisa ainda porque não sei o que você quer..."
5. **O Carente de Atenção:** "Olhem para mim! Olhem só para mim!"
6. **O Truculento:** "Vá você pegar os seus sapatos."
7. **O Devagar-Quase-Parando:** "Eu termino amanhã. Prometo."
8. **O Viciado:** "Deve ser o rebédio para gribe..."
9. **O Ladrão:** "Dois cheques nominais a mim? Ops, foi mal."

10 MITOS QUE IMPEDEM OS GERENTES DE SE RELACIONAREM DE MODO EFICAZ COM SEUS COLABORADORES:

1. **Eu só preciso dizer uma vez.**
   Aceite o fato de que ser paternal é um processo contínuo. A repetição faz parte do jogo. A repetição faz parte do jogo.
2. **Eles devem se comportar como eu me comporto.**
   Esteja aberto a diferentes maneiras de pensar e de completar determinada tarefa.
3. **Eles não podem cometer erros.**
   As pessoas que não cometem erros não estão trabalhando. Gerentes de estilo paternal ajudam os funcionários a aprender com seus próprios erros.

4. **Eu não preciso ter uma relação paternal com eles.**
Embora seja uma idéia tentadora, é totalmente irreal. Aceite o fato de que ser gerente significa ter um papel paternal.
5. **Eles devem saber como priorizar seu trabalho.**
Comunique diariamente suas prioridades e diga aos colaboradores onde você gostaria que eles concentrassem seus esforços.
6. **Eles devem saber o que eu preciso.**
A não ser que você tenha contratado telepatas, as pessoas precisam que você lhes diga o que precisa e o que espera deles. Aprenda a pedir aquilo que quer.
7. **Eles devem gostar de mim e me elogiar.**
Se você quer ser popular, associe-se a algum clube. A posição de chefia muitas vezes faz com que a pessoa seja detestada por seus subordinados.
8. **Eles devem saber que eu valorizo o trabalho deles.**
Pode esquecer essa crença e trate de dizer "obrigado" sempre que puder. Os elogios são ingredientes essenciais para um bom gerente.
9. **Eles devem se dar bem uns com os outros.**
Os gerentes paternais sabem que a competitividade é uma coisa comum. Descubra uma maneira de resolver os conflitos.
10. **Eles não devem me desafiar.**
Os supervisores paternais aceitam os desafios dos colaboradores como uma contribuição positiva, e os ensinam a encaminhar suas sugestões de maneira construtiva.

8

Cultura corporativa: será que este é o seu lugar?

"Os colaboradores dos parques temáticos da Disney são apresentados a uma nova linguagem e doutrinados de acordo com o estilo da empresa: colaboradores são os 'artistas', clientes são 'convidados' e o expediente de trabalho é chamado de 'horário do show'. Eles aprendem os slogans da Disney: 'Mesmo se for um dia ruim, nós parecemos estar felizes' e 'O seu sorriso tem que ser honesto e vir de dentro de você'. Barba para os homens, maquiagem pesada para as mulheres e qualquer tipo de linguagem ríspida ou de baixo calão são terminantemente proibidos."

Do livro *Feitas para durar*,
de James C. Collins e Jerry I. Porras

Até agora, nós nos concentramos em mostrar como é possível se libertar das armadilhas, dos relacionamentos conturbados, das pessoas que não respeitam territórios e das situações emocionalmente tensas no trabalho. Provamos também que, se você conseguir mudar sua reação em relação a determinadas circunstâncias, poderá modificar (e melhorar) a qualidade da sua experiência cotidiana no trabalho.

Mas o que acontece quando você tiver se libertado de tudo isso e ainda assim se sentir infeliz no trabalho? Quais são as opções? Há casos em que, mesmo sendo um mestre na arte de libertar-se das armadilhas, você percebe que o trabalho o deixa frustrado, com raiva, indefeso, ansioso e desesperado. Nessas situações, o desconforto emocional pode ter menos a ver com pessoas e circunstâncias do que com a própria empresa. Às vezes, sua personalidade, sua ética e sua maneira de trabalhar entram em conflito com a cultura corporativa.

Todas as empresas têm uma **cultura corporativa.** Algumas são mais bem estruturadas do que outras, mas esse é o termo que descreve as atitudes, comportamentos, valores morais e éticos predominantes dentro de uma organização. Como nosso trabalho nos coloca em contato com centenas de empresas e milhares de indivíduos, conseguimos identificar um tema comum a todos: *A satisfação no emprego é diretamente influenciada pela adequação de suas atitudes, comportamentos, valores e ética às da empresa.*

Em outras palavras, descobrir a cultura de uma empresa é essencial, porque só assim você pode entender como ela o afeta. Por exemplo, se você não é uma pessoa sorridente, não gostará de trabalhar na Disneylândia. Idem se os seus pontos fortes forem a comunicação direta e o apoio mútuo, e o ambiente de trabalho for altamente político, com ênfase na postura e na autopromoção – nesse tipo de ambiente são mínimas as suas chances de ser bem-sucedido.

A mesma coisa acontece quando seu chefe espera que você tenha disponibilidade total (24 horas por dia, inclusive nos fins da semana) e o seu desejo é passar mais tempo com seus filhos – essa é a típica situação em que a incompatibilidade de interesses impede a relação de trabalho.

Como a maior parte das empresas não tem culturas corporativas tão claras e definidas como a Disney, muitas vezes os colaboradores interpretam um mau entrosamento como algo pessoal: "Deve haver algo de errado *comigo.*"

- *Vejamos o exemplo de Robert, um cara discreto em um ambiente altamente competitivo. Ele trabalha em uma corretora de valores, onde tomar decisões rápidas, competir com os colegas e arriscar-se são atitudes bem vistas. Robert é extremamente talentoso para analisar as tendências de longo prazo do mercado, mas não é rápido o suficiente para converter suas análises em lucro. "Em comparação com os outros, eu sou muito lento", diz ele. "Não sou agressivo o suficiente para fazer uma grande negociação."*
- *Também há o caso de Gwen, diretora de marketing de uma orquestra sinfônica. Ela passa grande parte de seu tempo respondendo a e-mails de trabalho e participando de longas reuniões. Empreendedora, Gwen fica desestimulada por ter de fazer apenas o que o comitê determina. Isso influencia seu comportamento no trabalho. Ultimamente, ela percebeu que está sendo um pouco rude com os colegas. "Adoro a orquestra, mas odeio a parte burocrática. Toda iniciativa de marketing que tento implementar leva meses até se tornar uma versão diluída da minha idéia original. Não sinto mais aquele entusiasmo que sentia pelo meu emprego."*
- *Alicia é veterana no ramo de produção de noticiários para TV. No começo, mal podia esperar para ver suas reportagens irem ao ar nas grandes emissoras. Suas matérias sobre problemas sociais já lhe renderam diversos prêmios de jornalismo televisivo. Agora, 15 anos depois, Alicia está querendo diminuir o ritmo: "Estou cansada da agitação, dos prazos apertados e das personalidades fúteis do mundo da televisão." Embora reclame das condições de trabalho, no fundo Alicia teme que sua insatisfação signifique que ela perdeu a motivação e a criatividade.*

Cada uma dessas pessoas se sente infeliz e frustrada em seu trabalho. Cada uma experimenta um desconforto diferente no ambiente corporativo. Embora você possa argumentar que Robert precisa ganhar ritmo, que Gwen precisa se animar e lidar com a burocracia e que Alicia precisa ajustar sua atitude, o verdadeiro problema em cada um desses casos é o choque cultural. Nenhuma dessas pessoas se sente realizada com o que faz. Nem mesmo Alicia, que adorava sua profissão, escapou do fantasma da desmotivação.

CONHEÇA A SI MESMO, CONHEÇA SUA EMPRESA

Esta é a oportunidade de avaliar a cultura da sua empresa e determinar se ela é a mais adequada para as suas necessidades e aspirações. Essa análise permitirá que você compare as suas atitudes, comportamentos e valores éticos com os da empresa. Pode ser que você descubra que os pequenos detalhes, como o código de vestimenta e a localização da sua vaga na garagem, têm grande importância para você. Pode ser até que você consiga desvendar o que a decoração do ambiente de trabalho revela sobre a cultura da empresa.

AVALIAÇÃO DA CULTURA CORPORATIVA

A avaliação da cultura corporativa começa com um levantamento de suas características pessoais. São 16 perguntas relacionadas ao trabalho. Reflita bem antes de responder a cada questão, pois suas respostas permitirão que você chegue à conclusão do que considera o ambiente de trabalho ideal.

AVALIAÇÃO PESSOAL

1. **Neste ponto da sua carreira, que tipo de ambiente de trabalho você deseja?**
   A. Amigável, cordial – Espírito de equipe e sucesso compartilhado.
   B. Competitivo, tipo "tudo ou nada" – Recompensas concretas para o melhor desempenho.
   C. Conformista – Prêmios constantes para quem joga de acordo com as regras.
   D. Político – Só quem faz parte da "panelinha" sobe na carreira.
   E. Criativo, individualista – Ter idéias originais faz toda a diferença.
   F. Outro: ______________________________

2. **Que tipo de roupa você prefere usar no trabalho?**
   A. Executivo clássico
   B. Executivo informal
   C. Na moda
   D. Alternativo (a originalidade é o que conta)
   E. Casual
   F. Exigência de uniforme
   G. Outro: ______________________________

3. **Qual abordagem de trabalho melhor se adapta ao seu estilo?**
   A. Ambicioso – Superar as expectativas é a norma. Fazer hora extra faz parte do jogo. Crescer na carreira é a maior prioridade.
   B. Marcha lenta – As coisas se movimentam devagar, mas de modo previsível.
   C. Mudar o mundo – Dedicar tempo e energia a uma causa nobre. Fazer alguma diferença na vida das outras pessoas.

D. Nem lá, nem cá – O trabalho é envolvente, mas não consome todo o seu tempo. Há muito a conquistar, mas é preciso ter tempo também para a vida pessoal.
E. Familiar – Dar uma de faz-tudo em um ambiente aconchegante e pequeno. Fazer parte da "família" corporativa.
F. Status – A imagem é o que conta. Trabalhar para uma empresa de renome em um ambiente cativante e moderno onde as pessoas são elegantes e bem-apessoadas – reflexos da reputação da companhia.

4. **Dê uma nota para as características abaixo (1 = extremamente importante, 5 = sem importância nenhuma):**

Criatividade ____________
Eficiência ____________
Imparcialidade ____________
Honestidade ____________
Inovação ____________
Gentileza ____________
Poder ____________
Prestígio ____________
Lucratividade ____________
Respeito ____________
Responsabilidade ____________
Status ____________
Tradição ____________

5. **Dê uma nota para os tipos de recompensa listados abaixo (1 = extremamente importante, 5 = sem importância nenhuma):**

________ Recompensa financeira.
________ Reconhecimento público por ter realizado algo.
________ Promoção: novo cargo, mais responsabilidades.
________ Benefícios: educação, viagens, férias, plano de pensão, plano de saúde.

_________ Flexibilidade de horário: tempo para você e para a família.

_________ Valor social: dar alguma contribuição à sociedade.

_________ Liberdade para expressar suas idéias.

6. **Com que método gerencial você se sente mais confortável?**
   A. Estruturado: A gerência estabelece as metas e monitora o desempenho.
   B. Descontraído: Você tem liberdade para fazer o que quiser, mas precisa mostrar serviço.
   C. Microgerenciamento: Todos os seus passos são observados e monitorados cuidadosamente.
   D. Espírito de equipe: Todo mundo trabalha em equipe e compartilha os louros.
   E. Ausente: Sem diretrizes ou responsabilidades definidas, uma gerência mais desorganizada.
   F. Outro: ______________________________

7. **Qual alternativa você considera justa para a promoção de alguém? (Marque uma ou mais de uma.)**
   A. Resultados sempre acima das expectativas.
   B. Inovação.
   C. Habilidade política.
   D. Ter bons contatos.
   E. Sacrifício e muito trabalho.
   F. Boa aparência.
   G. Outra: ______________________________

8. **Que tipo de comunicação você prefere numa empresa?**
   A. Direta: reuniões, e-mails e mensagens de texto.
   B. Sistema hierárquico: a comunicação é "de cima para baixo".
   C. Informal e movida a boatos: às vezes você fica sabendo, às vezes não.

D. Só tenho interesse pelas informações que dizem respeito a mim.
E. Não pergunte e não diga nada: a comunicação é superestimada.
F. Outro: ______________________________

9. Que estilo de tomada de decisões funciona melhor para você?

A. A empresa encoraja as pessoas a tomarem decisões em todos os níveis.
B. As decisões são tomadas por um comitê composto por representantes de cada departamento.
C. As decisões são tomadas por consenso: todas as pessoas afetadas devem concordar.
D. As chefias tomam as decisões e as impõem aos seus subordinados.
E. Outro: ______________________________

10. Quando ocorre uma crise, qual abordagem deixa você mais confortável?

A. Trabalhar em equipe para resolver o problema.
B. Identificar o responsável e fazer com que a equipe da pessoa resolva o problema.
C. Descobrir quem foi o responsável e obrigar a pessoa a resolver o problema.
D. Encobrir o problema e tratá-lo de modo sigiloso.
E. Ignorar o problema. Achar que as coisas acabam entrando nos eixos.
F. Outra: ______________________________

11. Quando um colaborador é flagrado quebrando uma regra da empresa, o que deve ser feito?

A. Demissão no ato.
B. Advertência, seguida por monitoramento.

C. Repreensão informal por parte do supervisor direto.
D. Isolamento e humilhação.
E. Não deve haver conseqüências.
F. Outro: ________________________________

12. Como você deseja se sentir no trabalho?

A. Feliz e satisfeito.
B. Frustrado, mas satisfeito por fazer a diferença.
C. Grato por ter um emprego, mesmo que ele seja meio chato.
D. Cético – Afinal, trabalho não é para ser prazeroso e sim para ganhar dinheiro.
E. Bem-sucedido e motivado.
F. Outro: ________________________________

13. Na sua opinião, quais características são necessárias para uma pessoa crescer profissionalmente? (Marque todas as que achar importantes.)

A. Ser um trabalhador dedicado e ativo.
B. Ser inovador.
C. Ser "político".
D. Comportar-se de acordo com as regras.
E. Dar-se bem com todo mundo.
F. Ser capaz de gerar lucro para a empresa.
G. Outra: ________________________________

14. Como você classificaria sua capacidade de lidar com a politicagem corporativa?

A. Excelente.
B. Muito boa.
C. Mediana.
D. Ruim.
E. Inexistente.

15. Qual é o nível de tensão que você está disposto a ter no trabalho?

A. Café expresso.
B. Café forte.
C. Café normal.
D. Descafeinado.
E. Chá de ervas.

16. Que frase melhor descreve o seu código moral no trabalho?

A. Ser honesto e honrado.
B. Esforçar-se ao máximo. Quando isso não for possível, ganhe dinheiro.
C. Não pergunte e não diga nada.
D. A verdade é relativa.
E. Só os fortes sobrevivem.
F. Outra: ______________________________

Agora que você completou sua avaliação pessoal, está na hora de avaliar a cultura corporativa. A título de preparação, leia e responda as questões abaixo. Preste atenção especialmente aos valores que a empresa *diz* cultivar e identifique os comportamentos e atitudes que são *de fato* premiados por ela.

AVALIAÇÃO DA CULTURA CORPORATIVA

1. Como você descreveria o ambiente geral do seu local de trabalho?

A. Amigável, cordial – Espírito de equipe e sucesso compartilhado.
B. Competitivo, tipo "tudo ou nada" – Recompensas concretas para o melhor desempenho.
C. Conformista – Prêmios constantes para quem joga de acordo com as regras.

D. Político – Só quem faz parte da “panelinha” sobe na carreira.
E. Criativo, individualista – Ter idéias originais faz toda a diferença.
F. Outro: ______________________________

2. Qual é o código de vestimenta?

A. Executivo clássico.
B. Executivo informal
C. Na moda.
D. Alternativo (ser original é o que conta).
E. Casual.
F. Exigência de uniforme.
G. Outro: ______________________________

3. Qual das opções melhor descreve o estilo da empresa?

A. Ambicioso – Superar as expectativas é a norma. Fazer hora extra faz parte do jogo. Crescer na carreira é a maior prioridade.
B. Marcha lenta – As coisas se movimentam devagar, mas de modo previsível.
C. Mudar o mundo – Dedicar tempo e energia a uma causa nobre. Fazer alguma diferença na vida das outras pessoas.
D. Nem lá, nem cá – O trabalho é envolvente, mas não consome todo o seu tempo. Há muito a conquistar, mas é preciso ter tempo para a vida pessoal.
E. Familiar – Dar uma de faz-tudo em um ambiente aconchegante e pequeno. Fazer parte da “família” corporativa.
F. Status – A imagem é o que conta. Trabalhar para uma empresa de renome em um ambiente cativante e moderno onde as pessoas são elegantes e bem-apessoadas – reflexos da reputação da companhia.

4. **Classifique as seguintes características de acordo com o valor que elas têm dentro da empresa.** *Dica: as características mais valorizadas são muitas vezes premiadas com promoções, aumentos, reconhecimento público, etc.* **(1 = muito valorizada, 5 = sem nenhum valor):**

   Criatividade ____________
   Eficiência ____________
   Imparcialidade ____________
   Honestidade ____________
   Inovação ____________
   Gentileza ____________
   Poder ____________
   Prestígio ____________
   Lucratividade ____________
   Respeito ____________
   Responsabilidade ____________
   Status ____________
   Tradição ____________

5. **Com base na sua experiência, que tipos de recompensas estão disponíveis na sua empresa? Dê uma nota para as seguintes recompensas na ordem de importância que elas têm no seu local de trabalho (1 = extremamente importante, 5 = sem nenhuma importância):**

   ________ Recompensa financeira.
   ________ Reconhecimento público por ter realizado algo.
   ________ Promoção: novo cargo, mais responsabilidades.
   ________ Benefícios: educação, viagens, férias, planos de pensão, plano de saúde.
   ________ Flexibilidade de horário: tempo para você e para a família.
   ________ Valor social: fazer alguma contribuição à sociedade.
   ________ Liberdade para expressar suas idéias.

6. **Como você classificaria o estilo gerencial da sua empresa?**
   A. Estruturado: A gerência estabelece as metas e monitora o seu desempenho.
   B. Descontraído: Você tem liberdade para fazer o que quiser, mas precisa mostrar serviço.
   C. Microgerenciamento: Todos os seus passos são observados e monitorados cuidadosamente.
   D. Espírito de equipe: Todo mundo trabalha em equipe e compartilha os louros.
   E. Ausente: Sem diretrizes ou responsabilidades, uma gerência mais distraída.
   F. Outro: ______________________________

7. **Em sua opinião, em que se baseiam as promoções? (Marque as alternativas pertinentes.)**
   A. Resultados sempre acima das expectativas.
   B. Inovação.
   C. Habilidade política.
   D. Ter bons contatos.
   E. Sacrifício e muito trabalho.
   F. Boa aparência.
   G. Outro: ______________________________

8. **Que frase descreve o estilo de comunicação da sua empresa?**
   A. Direta: reuniões, e-mails e mensagens de texto.
   B. Sistema hierárquico: a comunicação é "de cima para baixo".
   C. Informal e movida a boatos: às vezes você fica sabendo, às vezes não.
   D. Sinais de fumaça: mensagens vagas que você precisa interpretar.
   E. Que comunicação?
   F. Outra: ______________________________

9. De acordo com a sua experiência, como acontecem as decisões na sua empresa?

A. Por pessoas em todos os níveis dentro da empresa.
B. Por um comitê, com a participação de um representante de cada departamento.
C. Por consenso: todos os afetados devem concordar.
D. Pelas chefias, que repassam suas decisões aos outros.
E. Outro: ______________________________

10. Como a empresa age em uma crise?

A. Trabalha em equipe para resolver o problema.
B. Descobre quem foi o responsável e faz com que a equipe da pessoa resolva o problema.
C. Identifica o responsável e transforma essa pessoa no bode expiatório.
D. Encobre o problema e lida com ele em sigilo.
E. Nega a crise até que ela se torne incontornável.
F. Outro: ______________________________

11. Quais são as conseqüências para má conduta dentro da empresa?

A. Demissão no ato.
B. Advertência, seguida por monitoramento.
C. Repreensão informal por parte do supervisor direto.
D. Isolamento e humilhação.
E. Não deve haver conseqüências.
F. Outra: ______________________________

12. Como você descreveria a maneira como as pessoas se sentem no trabalho?

A. Felizes e satisfeitas.
B. Às vezes frustradas, mas satisfeitas por sua contribuição para a empresa.

C. Gratas por ter um emprego, mesmo que ele seja meio chato.
D. Céticas – afinal, trabalho não é para ser prazeroso e sim para ganhar dinheiro.
E. Irritadas e ressentidas.
F. Bem-sucedidas e motivadas.
G. Outra: ___________________________________

13. Que tipo de pessoa se dá melhor na sua empresa?
A. O tipo que trabalha muito.
B. O tipo inovador.
C. O tipo político.
D. O tipo obediente, que se comporta de acordo com as regras.
E. O tipo popular, capaz de se dar bem com todo mundo.
F. O tipo que "faz e acontece": produtivo e rentável para a empresa.
G. Outro: ___________________________________

14. Como você classificaria o nível de politicagem na sua empresa?
A. Extremamente alto.
B. Alto.
C. Médio.
D. Baixo.
E. Outro: ___________________________________

15. Como você classificaria o nível de tensão na sua empresa?
A. Café expresso.
B. Café forte.
C. Café normal.
D. Descafeinado.
E. Outro: ___________________________________

16. **Que frase melhor descreve o sistema de valores da sua empresa?**
   A. Ser honesto e honrado.
   B. Esforçar-se ao máximo. Quando não for possível, ganhe dinheiro.
   C. Não pergunte e não diga nada.
   D. A verdade é relativa.
   E. Só os fortes sobrevivem.
   F. Outra: ______________________________

A terceira e última parte da avaliação da cultura corporativa é um quadro comparativo. Relacione as respostas de sua avaliação pessoal com as da cultura corporativa e veja como você se posiciona em relação à sua empresa.

Veja abaixo o caso de Gwen. O quadro comparativo dela deixa claro como seus valores pessoais e o estilo de trabalho da empresa estão em conflito – e explica por que ela se sente tão confinada e frustrada em seu papel de diretora de marketing da orquestra.

QUADRO COMPARATIVO DA CULTURA CORPORATIVA

Nome: Gwen

Cargo: Diretora de Marketing da Orquestra Sinfônica

1. **Ambiente de trabalho que desejo:** Criativo, individualista	1. **Ambiente geral do meu trabalho:** Político
2. **Código de vestimenta que prefiro:** Informal	2. **Código de vestimenta da empresa:** Executivo clássico

3. **Para mim, a melhor abordagem quanto ao trabalho é:**
   Nem lá, nem cá

4. **Características que valorizo no trabalho:**

Criatividade	1
Eficiência	3
Imparcialidade	3
Honestidade	1
Inovação	1
Gentileza	2
Poder	5
Prestígio	5
Lucro	5
Respeito	5
Responsabilidade	3
Status	3
Tradição	3

5. **Recompensas que eu desejo:**

Dinheiro	1
Reconhecimento	5
Promoção	5
Benefícios	3
Horário flexível	5
Valor social	1
Liberdade de criação	1

6. **Estilo gerencial que prefiro:**
   Descontraído: você tem liberdade para fazer o que quiser, mas precisa mostrar serviço.

3. **O estilo de trabalho da empresa é:**
   Nem lá, nem cá

4. **Características que minha empresa valoriza:**

Criatividade	5
Eficiência	1
Imparcialidade	5
Honestidade	4
Inovação	4
Gentileza	5
Poder	2
Prestígio	1
Lucro	1
Respeito	2
Responsabilidade	1
Status	2
Tradição	1

5. **Recompensas que a empresa dá:**

Dinheiro	5
Reconhecimento	1
Promoção	1
Benefícios	1
Horário flexível	3
Valor social	1
Liberdade de criação	5

6. **Estilo gerencial da empresa:**
   Microgerenciamento: todos os seus passos são observados e monitorados cuidadosamente.

7. **Bons motivos para promoção, na minha opinião:**
Resultados acima das expectativas e inovação.

8. **Meu estilo de comunicação:**
Direto.

9. **Estilo de tomada de decisões que prefiro:**
A empresa encoraja as pessoas a tomarem decisões em todos os níveis.

10. **Minha abordagem quando há alguma crise:**
Trabalhar em equipe para resolver o problema.

11. **Conseqüências para má conduta:**
Repreensão informal feita por supervisor direto.

12. **Como espero me sentir:**
Bem-sucedido e motivado.

13. **Quem deveria se dar melhor na empresa? (os três mais relevantes)**
Quem é dedicado e ativo.

7. **Motivos para promoção, na opinião da empresa:**
Habilidade política, sacrifício e muito trabalho.

8. **Estilo de comunicação da empresa:**
Sinais de fumaça.

9. **Estilo de tomada de decisões da empresa:**
As chefias tomam as decisões e as impõem aos subordinados.

10. **A abordagem da empresa quando há alguma crise:**
Encobrir o problema e tratá-lo de modo sigiloso.

11. **Conseqüências para má conduta:**
Isolar e humilhar quem cometeu o erro.

12. **Como os colaboradores se sentem:**
Com raiva, ressentidos.

13. **Quem se dá melhor na sua empresa? (os três mais relevantes)**
Quem é dedicado e ativo.

Quem se dá bem com todo mundo. Quem é inovador.	Quem é "político". Quem é capaz de ser produtivo e rentável para a empresa.
14. Nível de politicagem que prefiro: Médio	**14. Nível de politicagem na empresa:** Alto
15. Nível de tensão que prefiro: Café normal	**15. Nível de tensão da empresa:** Café expresso
16. Meu sistema de valores: Honesto e honrado	**16. A ética da empresa:** Só os fortes sobrevivem.

Como indica a grade de comparação de Gwen, ela está num ambiente de trabalho que vai contra a sua natureza. A avaliação que ela fez da cultura corporativa da Orquestra Sinfônica deixa claro por que as reuniões infinitas e a burocracia a deprimem. Ao mesmo tempo, Gwen está satisfeita com o fato de que seu trabalho não consome todo o seu tempo. Como indica a resposta de número 3, ela prefere um emprego que permita uma dedicação maior à vida pessoal.

QUADRO COMPARATIVO DA CULTURA CORPORATIVA

Agora é a sua vez. Compare sua avaliação pessoal com a avaliação da cultura corporativa para ver se a empresa em que você trabalha é compatível com suas atitudes, comportamento, valores e ética.

Nome: ______________________________

Cargo: ______________________________

1. **Ambiente de trabalho que desejo:**

____

2. **Código de vestimenta que prefiro:**

____

3. **Para mim, o melhor estilo de trabalho é:**

____

4. **Características que valorizo no trabalho:**

Criatividade ______
Eficiência ______
Imparcialidade ______
Honestidade ______
Inovação ______
Gentileza ______
Poder ______
Prestígio ______
Lucro ______
Respeito ______
Responsabilidade ______
Status ______
Tradição ______

5. **Recompensas que eu desejo:**

Dinheiro ______
Reconhecimento ______
Promoção ______
Benefícios ______

1. **Ambiente geral do meu trabalho:**

____

2. **Código de vestimenta da empresa:**

____

3. **O estilo de trabalho da empresa:**

____

4. **Características que minha empresa valoriza:**

Criatividade ______
Eficiência ______
Imparcialidade ______
Honestidade ______
Inovação ______
Gentileza ______
Poder ______
Prestígio ______
Lucro ______
Respeito ______
Responsabilidade ______
Status ______
Tradição ______

5. **Recompensas que a empresa dá:**

Dinheiro ______
Reconhecimento ______
Promoção ______
Benefícios ______

Horário flexível ________
Valor social ________
Liberdade de criação ________

6. **Estilo gerencial que prefiro:**

____

____

____

7. **O que considero um bom motivo para ser promovido:**

____

____

8. **Meu estilo de comunicação:**

____

9. **Estilo de tomada de decisões que prefiro:**

____

____

____

10. **Minha abordagem quando surge alguma crise:**

____

____

11. **Conseqüências para casos de má conduta:**

____

Horário flexível ________
Valor social ________
Liberdade de criação ________

6. **Estilo gerencial da empresa:**

____

____

____

7. **O que a empresa leva em consideração na hora de promover alguém:**

____

____

8. **Estilo de comunicação da empresa:**

____

9. **Estilo de tomada de decisões da empresa:**

____

____

____

10. **A abordagem da empresa quando surge alguma crise:**

____

____

11. **Conseqüências para casos de má conduta:**

____

12. Como gostaria de me sentir: ______	**12. Como os funcionários se sentem:** ______
13. Quem deveria se dar melhor na empresa? (Os três mais relevantes) ______ ______ ______	**13. Quem se dá melhor na sua empresa? (Os três mais relevantes)** ______ ______ ______
14. Nível de politicagem que prefiro: ______	**14. Nível de politicagem na empresa:** ______
15. Nível de tensão que prefiro: ______	**15. Nível de tensão da empresa:** ______
16. Meu sistema de valores: ______	**16. Código de ética da empresa:** ______

DEPOIS DA AVALIAÇÃO

Agora que você completou as avaliações e analisou os resultados, pode usar essa informação para se fortalecer profissionalmente. Preste atenção às questões 4 e 5 e verifique se as características valorizadas por você e a forma de recompensa que prefere são muito diferentes das que a empresa valoriza e concede.

Se, de modo geral, a cultura de sua empresa combina com a sua avaliação pessoal, pode ter certeza de que você está num ambiente de trabalho favorável. Sabendo disso, você pode canalizar sua energia para funcionar ainda melhor dentro dessa cultura. Neste caso, as técnicas de libertação das armadilhas no local de trabalho poderão ajudá-lo a lidar com qualquer problema interpessoal que surgir.

Se, no entanto, houver um choque entre as duas avaliações – se a cultura da empresa for contrária à sua ética, seus valores e suas práticas de trabalho –, você pode definir uma estratégia que o ajude a buscar a melhor solução. E isto pode significar:

A. Encontrar um novo emprego em outra empresa que tenha ética, moral e práticas de trabalho mais parecidas com as suas.
B. Encontrar uma nova posição na mesma empresa, trabalhando para um chefe cujo sistema de valores seja mais parecido com o seu.
C. Ficar no mesmo lugar, mas atento às oportunidades relacionadas às opções A e B.

COMO AS EMPRESAS MUDAM DE CULTURA

A empresa para a qual você trabalha atualmente pode ser bem diferente daquela que o contratou. Isso acontece porque a cultura de uma empresa é reflexo de seu líder. Existem dois acontecimentos que costumam levar à renovação da cultura corporativa:

1. Quando uma empresa é vendida para outra empresa com uma cultura diferente.
2. Quando muda o corpo gerencial ou quando os líderes vão embora ou se aposentam.

Se você está vivendo uma dessas duas situações, e tem saudades dos velhos tempos, é sinal de que a ética, os valores e as práticas comerciais de seu ambiente de trabalho mudaram. Esse novo conjunto de regras pode ir contra o seu sistema de valores pessoais. Veja abaixo dois casos onde mudanças estruturais provocaram modificações na cultura corporativa da empresa.

O PROCESSO DE FUSÃO

Ralph trabalhou a vida inteira para o Homestead Bank, uma instituição que se orgulha de seus valores familiares. Ele e grande parte dos colegas trabalham lá há mais de 15 anos. Eles têm um sentimento de lealdade e de compromisso com os clientes e a comunidade. O banco tem a reputação de cuidar bem de seus funcionários. O horário de trabalho é flexível, para que eles possam comparecer às reuniões de pais na escola ou acompanhar os pais idosos em consultas médicas.

Há um ano, o Homestead Bank fundiu-se com um banco muito maior, mais competitivo e mais orientado para o lucro. As horas extras são consideradas rotina. Não há flexibilidade de horário. Todos os compromissos médicos e com a escola devem ser marcados fora do horário de trabalho. Se houver uma emergência na família, é preciso descontar dos dias de folga ou de férias.

O pai de Ralph é idoso e está doente. Na antiga administração, Ralph podia sair para acompanhar o pai à consulta médica, voltar para o trabalho e compensar as horas que ficou fora. Agora, ele tem de tirar o dia de folga ou pagar uma enfermeira para acompanhar o pai. Quando a empresa era mais compreensiva, ele se sentia motivado a trabalhar em dobro por cada hora que tirava de licença; agora, ele está ressentido com a falta de generosidade de seu empregador. Ele sente falta da empresa antiga.

Depois de fazer sua avaliação da cultura corporativa, Ralph percebe que a cultura do banco mudou muito no último ano – e isso o está deixando muito infeliz. Ralph sabe que precisa tomar uma decisão. Ou se ajusta à nova cultura ou procura um novo emprego. Ele decide começar a investigar outras oportunidades em empresas com um sistema de valores mais próximo do seu.

MUDANÇA NA GERÊNCIA

Kate trabalha há cinco anos como engenheira de som para uma gravadora. O fundador, Earl, é um empresário carismático que encoraja a criatividade e idéias inovadoras. A sala de reuniões da gravadora mais parecia uma sala de estar. Havia poltronas, sofás, instrumentos musicais e uma grande tigela cheia de M&M's na mesinha de centro em formato de guitarra. As pessoas podiam colocar os pés sobre a mesa, ouvir os novos talentos, discutir os projetos atuais e apenas desfrutar da companhia dos colegas.

Há alguns meses, Earl aposentou-se. Em seu lugar, entrou um executivo de Chicago chamado Sterling. Uma de suas primeiras decisões foi converter a sala de estar em uma sala de reuniões tradicional. Agora, Kate senta-se numa cadeira de encosto reto e tem diante de si um bloco de anotações. Em vez de tigelas cheias de M&M's e da atmosfera livre em que todos contribuíam com suas idéias, agora há rosquinhas e todas as opiniões são filtradas.

Sterling gosta de fazer apresentações em PowerPoint, com gráficos sobre os lucros de cada trimestre. Suas palavras favoritas são: produtividade, lucro, procedimentos, regras, permissão e protocolo. Todos os seus novos colaboradores têm MBAs ou algum diploma em contabilidade.

Kate sente saudades da época em que todos trabalhavam juntos em algum projeto e ninguém sabia qual seria o desafio seguinte. Embora entenda que a empresa possa se beneficiar dessa abordagem mais estruturada, ela não tem muita certeza se isso a satisfaz. Será que deseja trabalhar para essa nova empresa ou está na hora de fazer as malas?

Kate faz a sua avaliação da cultura corporativa e, ao observar o quadro comparativo, percebe com clareza o quanto o novo estilo gerencial difere do seu estilo. Ela percebe que a empresa que costumava ser seu segundo lar tornou-se um local estranho. Com o tempo, decide juntar-se a outros colegas e criar um novo estúdio de gravação.

DESCUBRA QUAL É A CULTURA DA EMPRESA ANTES DE ACEITAR O EMPREGO

Da próxima vez que estiver procurando um emprego, descubra qual é a cultura da empresa antes de aceitar qualquer cargo. Por quê? Porque, se os valores forem semelhantes aos seus, a probabilidade de você gostar do seu novo emprego é enorme. Ao mesmo tempo, se a cultura corporativa for muito diferente do que você acredita, essa é a hora de evitar um problema em sua carreira.

1. Aprenda a identificar a cultura da empresa no primeiro olhar.

Não deixe escapar nada em seu primeiro contato com a empresa: preste atenção no jeito das pessoas, nas aparências e, acima de tudo, nas suas emoções a respeito de tudo isso. As primeiras impressões costumam estar corretas.

- **Preste atenção no ambiente físico** – É limpo, sujo, organizado ou caótico? Os escritórios são bem equipados e decorados ou os móveis são feios e colocados de qualquer jeito? O prédio ou espaço físico é escuro e lúgubre ou claro e estimulante? As instalações gerais dão uma idéia de prosperidade ou de pobreza?
- **Preste atenção na atitude dos colaboradores** – Eles parecem enérgicos ou lentos? O ambiente é sisudo ou descon-

traído? Quando você se apresenta, é recebido de maneira amigável? A atmosfera geral é amistosa ou fria, moderna ou enfadonha? Você capta um espírito de diversão e criatividade ou de tradição e conservadorismo? É um clima mais de equipe ou competitivo?

2. Descubra qual é a cultura durante o processo de entrevista.

Enquanto conversa com o seu futuro chefe, procure pelos sinais sutis que contam muito a respeito da empresa. Faça perguntas que revelem aspectos diferentes da cultura. Eis alguns exemplos:

- Qual é o horário de trabalho da empresa?
- Que horas você (o entrevistador) trabalha?
- Qual é o horário de trabalho do setor no qual irei trabalhar?
- Você (o entrevistador) está trabalhando aqui há quanto tempo?
- Há quanto tempo o meu supervisor direto está trabalhando aqui?
- Como é o processo de tomada de decisões e como elas são comunicadas à equipe?
- Qual é a participação da pessoa que estará nessa posição no processo de tomada de decisões?

Enquanto conversa com o entrevistador, observe o seu nível de tensão. Ele parece perturbado ou tranqüilo? Demonstra satisfação ou frustração com o trabalho? Que tipo de roupa ele está usando? Preste atenção se surgir a oportunidade de vê-lo interagindo com os outros membros da equipe.

3. Depois da entrevista, faça o dever de casa.

A melhor maneira de decifrar a cultura de uma corporação é falando diretamente com as pessoas que trabalharam ou trabalham nela. Entre em contato com ex-colaboradores e também com gente que está na ativa para ter uma idéia melhor da cultura local. Reúna-se ou converse com a pessoa que você está substituindo. Vale a pena ouvir o que essas pessoas têm a dizer. Não deixe de fazer as seguintes perguntas:

1. Você poderia descrever a empresa em três frases curtas?
2. O que sabe sobre a empresa agora que gostaria de saber na época em que entrou?
3. Como os funcionários são promovidos?
4. Como a gerência demonstra apreço pelas pessoas?
5. Que tipo de comportamento é premiado?
6. Que tipo de comportamento é malvisto?
7. Você sempre sabe o que esperam de você?

Talvez você se sinta meio desconfortável fazendo algumas dessas perguntas. Tudo bem. O importante é tentar desenterrar o máximo de informações possível sobre os valores, a ética e as práticas de negócios da empresa antes de virar membro da equipe.

UM ESTUDO DE CASO

Elizabeth é uma advogada que parou de trabalhar quando teve o primeiro filho. Depois de um ano dedicando-se integralmente à criança, ela está disposta a voltar a trabalhar. No entanto, suas necessidades mudaram e ela agora procura uma posição na qual seja possível ter uma vida mais equilibrada.

A primeira oferta de emprego que a interessa é a de um conceituado escritório de advocacia. Eles querem que ela compareça para uma entrevista. Embora saiba que está sendo observada, Elizabeth está determinada a examiná-

los também. Ela quer descobrir qual é a cultura da empresa antes de aceitar o emprego.

1. Aprenda a identificar a cultura da empresa à primeira vista.

Ambiente físico: Elizabeth percebe que o escritório é muito bem decorado, com mobília clássica e quadros bonitos. Em termos arquitetônicos, é amplo e confortável.

A atitude das pessoas: Elizabeth observa que, embora o lugar seja muito agradável, os funcionários parecem perturbados e estressados. São gentis, mas parecem estar sempre correndo.

2. Descubra qual é a cultura da empresa durante o processo de entrevista.

Elizabeth é entrevistada por três pessoas: um sócio mais antigo, um mais recente e o chefe da área de recursos humanos. Ela responde facilmente às perguntas e gosta da idéia de voltar a advogar. À medida que a conversa avança, Elizabeth faz também algumas perguntas. "Eu gostaria de saber qual o horário de trabalho", pergunta. A pessoa do RH responde: "O expediente é das 8 horas às 18 horas." Elizabeth olha para o sócio mais recente e pergunta: "Qual é o seu horário de trabalho?" E ele: "Nunca saio antes das 20 horas." Como vai trabalhar para o sócio mais antigo, ela pergunta: "Qual é o horário de trabalho no seu setor?" Ele sorri e diz: "Desde que você termine o trabalho, pode sair na hora que quiser." O sócio mais novo deixa escapar uma risadinha irônica. Elizabeth termina perguntando há quanto tempo os três trabalham na empresa. Ela fica sabendo que a pessoa do RH tem um ano de casa, o sócio mais novo, três anos, e o mais antigo, 15 anos.

3. Faça o "dever de casa" após a entrevista.

Elizabeth sai da entrevista interessada, mas sem saber qual vai ser o seu horário de trabalho. Ela decide dar uma olhada no site da empresa para ver se há alguém na equipe que ela conheça. Para sua sorte, descobre um advogado com quem estudou. Ela liga para ele no dia seguinte e pergunta se poderiam tomar um café.

Enquanto tomam cappuccinos, Elizabeth e seu ex-colega conversam sobre as novidades por alguns minutos. Depois, ela começa sua investigação. "Como você descreveria a empresa?", pergunta. "Estresse, muitas horas extras e mais estresse", responde ele. "O que você sabe sobre a empresa agora que gostaria de saber quando entrou?", insiste ela. "Que os sócios mais antigos são malucos", confidencia ele. "Eles vivem, respiram e comem trabalho. Pior, esperam que você faça o mesmo."

Naquele momento, Elizabeth obteve a informação crucial que precisava para se decidir a respeito do emprego. Fica óbvio que a cultura da empresa não permitirá que ela tenha uma vida equilibrada. O emprego não se adequa às suas necessidades de jovem mãe. Ela agradece ao colega o encontro.

O mundo do trabalho tem um fluxo constante. As empresas abrem, fecham, se reinventam, gerências mudam e fusões acontecem. Você é responsável por definir o tipo de ambiente no qual deseja trabalhar e o tipo de cultura que mais se adequa à sua personalidade. Use a avaliação da cultura corporativa para obter uma compreensão mais adequada do que você precisa para ter satisfação no trabalho. Depois, decida o quanto está disposto a "vestir a camisa".

TUDO SOBRE CULTURA CORPORATIVA

Avalie a cultura corporativa da sua empresa para ver se ela o satisfaz em termos de...

- Ambiente geral de trabalho
- Código de vestuário
- Atitude quanto ao trabalho
- Sistema de recompensas e premiações
- Estilo gerencial
- Política de promoção / Cargos e salários
- Estilo de comunicação
- Processo de tomada de decisões
- Gerenciamento de crises
- Punições para casos de má conduta
- Motivação da equipe
- Nível de tensão
- Código moral

As culturas mudam quando...

1. Uma empresa se associa a outra ou é vendida.
2. Há uma mudança na gerência: a pessoa responsável vai embora ou se aposenta.

Descubra qual é a cultura da empresa antes de aceitar o emprego:

1. Comece a identificar a cultura à primeira vista. Observe o ambiente físico e o tipo de atitude que os colaboradores transmitem.
2. Comece a desvendar a cultura corporativa durante a entrevista de admissão.
3. Depois da entrevista, faça o "dever de casa". Entreviste ex-colaboradores e profissionais que estão na ativa.

Agradecimentos

Somos muito gratas aos nossos clientes, por nos permitirem entrar em seu mundo profissional e emocional. Tem sido um privilégio trabalhar de forma intensa e próxima com muitos de vocês. É preciso ter coragem e disposição para abrir as portas e revelar as próprias vulnerabilidades. Obrigada por confiarem em nós.

Agradecemos também a nossos familiares e amigos pelo estímulo, e a Denyse Thompson e Brynne Damon pela ajuda na organização. Não teríamos escrito este livro sem o apoio moral de David Winkler, Nicole Winkler e Cliff Edens.

Agradecemos ainda à nossa agente, Elaine Markson, e também a Gary Johnson, a Mark Chimsky, pelas dicas e generosidade, e a Donna Ratajczak, pelas idéias e sugestões. Somos eternamente gratas a John Aherne, por apostar em nosso trabalho, e a Roland Ottewell, pela excelente revisão. Nosso agradecimento final vai para o nosso editor, Dan Ambrosio, que nos manteve "na linha" e dentro do prazo.

CONHEÇA OS 30 CLÁSSICOS DA EDITORA SEXTANTE

O Código Da Vinci, Anjos e Demônios, Fortaleza Digital e *Ponto de Impacto*, de Dan Brown

Pais brilhantes, professores fascinantes, Nunca desista de seus sonhos e *Você é insubstituível*, de Augusto Cury

O monge e o executivo e *Como se tornar um líder servidor*, de James C. Hunter

Jesus, o maior psicólogo que já existiu, de Mark W. Baker

1000 lugares para conhecer antes de morrer, de Patrícia Schultz

Um dia "daqueles" e *O sentido da vida*, de Bradley Trevor Greive

Por que os homens fazem sexo e as mulheres fazem amor?, de Allan e Barbara Pease

Os 100 segredos das pessoas felizes, de David Niven

Enquanto o amor não vem, de Iyanla Vanzant

A última grande lição e *As cinco pessoas que você encontra no céu*, de Mitch Albom

A Dieta de South Beach, de Arthur Agatston

O ócio criativo, de Domenico De Masi

A Boa Sorte, de Álex Rovira Celma e Fernando Trías de Bes

Não leve a vida tão a sério, de Hugh Prather

O Poder do Agora, de Eckhart Tolle

Palavras de sabedoria, de Sua Santidade, o Dalai-Lama

Muitas vidas, muitos mestres e *Muitas vidas, uma só alma*, de Brian Weiss

Histórias para aquecer o coração, de Jack Canfield e Mark V. Hansen

Conversando com os espíritos, de James Van Praagh

Mantenha o seu cérebro vivo, de Lawrence Katz e Manning Rubin

Aprendendo a silenciar a mente, de Osho

Informações sobre os próximos lançamentos

Para receber informações sobre os lançamentos da Editora Sextante, basta cadastrar-se diretamente no site www.sextante.com.br

Para saber mais sobre nossos títulos e autores, e enviar seus comentários sobre este livro, visite o nosso site www.sextante.com.br ou mande um e-mail para atendimento@esextante.com.br

Editora Sextante
Rua Voluntários da Pátria, 45 / 1.404 – Botafogo
Rio de Janeiro – RJ – 22270-000 – Brasil
Telefone (21) 2286-9944 – Fax (21) 2286-9244
E-mail: atendimento@esextante.com.br